小さき者の幸せが守られる経済へ

Noriko Hama
浜 矩子

新日本出版社

はじめに

本書のタイトルが「小さき者の幸せが守られる経済へ」である。これは、筆者がつけたタイトルではない。名編集者の考案になるものだ。いいタイトルだと思う。的確で素敵で、よく考えられている。

的確で素敵なのが、「小さき者の幸せが守られる経済」の部分だ。そして、よく考えられているのが、最後の「へ」である。

元来、経済活動は人間の営みだ。人間による人間のための、人間しか行わない営みだ。だから、経済活動は人間を幸せに出来なければ、その名に値しない。人間たちの中で、その幸せが最も脆くて危ういのはどのような者たちか。それが、小さき者たちだ。大きくて強い者たちは、その大きさと強さをもって強引に幸せをつかみ取り、守り抜くことが出来る。むろん、力任せに強奪したような類《たぐい》の幸せが、本当の幸せなのかという問題はある。だが、いずれにせよ、小さくて弱い人々には、強大なる者どものような「自助力」が備わっていないことは間違いない。そのような人々さえも、いや、そのような人々をこそ、幸せに出来る。人間の営みである経済活動には、そのような特性が備わっていなければいけない。備わっているはずである。

経済学の生みの親であるアダム・スミスは、人間が人間であることの本質をその共感力に見出した。他者の喜びを喜びとし、他者の悲しみを悲しみとする。自分以外の人々の命運に思いを馳せて、一喜一憂する。それが人間の本性だ。経済学の始祖は、そう言っている。共感力を言い換えれば、もらい泣き力だと言っていいだろう。人のために泣く。人の痛みを、我が痛みのごとく感じて涙する。それが出来る人々は、小さき者たちの幸せを大切に大切に守り抜くはずだ。そして、経済活動がそのような人々によって営まれている時、経済活動はその本領と真価を発揮する。そのような時、経済活動は幸せの波紋で世界を一杯にする。

意味深長なのが、本書のタイトルの末尾についている「へ」である。この一文字があることによって、示唆されていることは明らかだ。今の我々は、実は「小さき者の幸せを守る経済」に到達していない。それが、「へ」の意味するところだ。

まだ到達していないゴールに向かって、我々は突き進みつつあるのか。そうであるとすれば、我々はどの辺まで来ているのか。目指す場所は、もうすぐそこなのか。それとも、まだまだはるか遠いのか。あるいは、我々は小さき者の幸せが守られる場所から遠ざかっているのか。その場所とは正反対に、小さき者を不幸に陥れる場所に向かって進行してしまっているのか。その場所には、人間の営みとしての経済活動は存在しないのに。

「へ」の一文字は、我々にゴールに向かってペースを上げよと激励してくれているのか。はたまた、一刻も早く進路変更せよと警告を発しているのか。皆さんと筆者が、ご一緒にこの点を見極めて行く。名編集者は、それを期待してこのタイトルを提示してくれたのだと思う。是非、ご期待に応えたいものだと思う。ご一緒に、「へ」の謎解きに挑んで行くことが出来れば誠に幸いだ。

三章編成の本書において、第一章は上記の謎解きを進めて行くためのいわば基礎編である。もらい泣き力を持ち合わせている人々による本当の経済活動。人の痛みが解らない人々による偽りの経済活動。第一章は、この両者を見分けるための勘所集だと言ってもいいだろう。第二章と第三章が応用編だ。第一章で整理した感性を発揮しながら、現実の世の中で生起して来た諸問題について思いを巡らして行く。

各章の内容は、いずれも、二つの連載コラム向けに筆者がこれまで執筆して来た原稿に基づいている。具体的には、朝日新聞社の『アエラ』誌掲載コラム「eyes 浜矩子」、そして集英社の情報・知識&オピニオン「imidas」掲載の「経済万華鏡」である。自分で言うのは図々しいが、改めてテーマの並び具合をみれば、なかなか盛沢山だと思う。それだけ、謎解きしなければならず、ことの本質の見極めを要する数多くのことごとが生起して来たわけである。

さて、前口上はこれまでとしておこう。いよいよ、皆さんと手に手を取って「小さき者の幸せを守る経済」探しの旅に踏み出すこととしたい。「へ」の一文字の力強い後押しに支えられつつ。

2019年7月　　浜　矩子

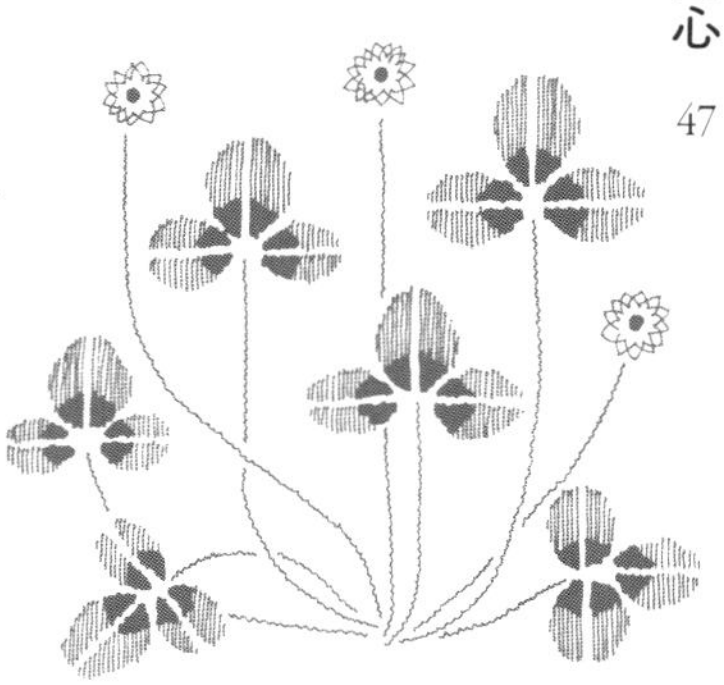

《国際経済編》

三章　まともな民主主義を取り戻せ

初出

☆ 集英社　情報・知識 & オピニオン「イミダス」https://imidas.jp/
浜矩子「経済万華鏡」（2010 年 8 月～ 19 年 6 月）

＊ 朝日新聞デジタル（アエラドット）「eyes 浜矩子」（『AERA』誌掲載）
（2017 年 3 月～ 18 年 12 月）

一章

人に優しく、人を尊び、人を幸せにする経済

エコノミストの腕と声☆

皆さんこんにちは。浜矩子です！　世の中諸々の経済問題について、皆さんとご一緒に考えて行きたいと思います。どうぞ、よろしくお願いいたします。

「経済問題」などという言い方をすると、どうも七面倒くさい感じになって腰が引けてしまいますが、実を言えば経済活動はあくまでも人間の営みです。何しろ、経済活動を営む生き物は人間しかいないのですから、これほど人間密着的なテーマはないわけです。それが七面倒くさくなってしまうのは、それを語る人々が人間らしい言葉と人間らしい視点を忘れてしまっているからでしょう。

小難しい言い方をしないと、科学的に聞こえない。ありがたがってもらえない。そんなコンプレックスが、経済の語り手たちを妙にギクシャクした口調へと追いやって来た面があると思います。

数字がたくさん出て来ないと科学じゃない。方程式が解けないと経済はわからない。いつのころからか、経済を語る人々がそうした思い込みに振り回されるようになってしまった。もちろん、数字も方程式も重要な分析の道具です。上手に使いこなせるにこしたことはありません。ですが、最も重要なことは、そうした道具を使って経済ドラマをどう語り、経済をどう謎解きしていくかです。

というわけなのですが、さらにもう一息、経済を語るとはどういうことかについて、お話しを進めさせて頂ければと思います。

私はエコノミストです。そもそも、エコノミストという言い方に対応したぴったりの日本語がないのもおかしな話ですが、それはひとまずさておき、エコノミストには大切なものが二つある。私は常々そう考えて来ました。それらは、「腕」と「声」です。

まず、「腕」について。ある時、かの故ケネディ大統領が次のように言ったそうです。「私は片腕のエコノミストに会いたい」。エコノミストは、腕が一本しかないことが望ましいというのです。ケネディ氏は、なぜ片腕のエコノミストに会いたがったのか。それは、彼に向かってエコノミストたちがさんざん「一方で・他方で」を乱発したからです。右手を差し出して「一方ではこれこれ」と理路整然と語る。それが終わると、今度は、やおら左手を差し出して「他方ではこれこれ」とまた理路整然と語り出す。

要するに、あれもこれもで、本当のところはどっちなのかがわからない。だから、「一方・他方」が出来ないように、一本腕であって欲しいというわけです。これは誠にもっともな注文だと思います。バランス感覚をもつことは重要ですが、自分が何をどう考えているかをすっぱり言えないようでは、経済問題の謎解きは出来ません。確かな一本の腕。それがエコノミストには貴重品です。

二番目の「声」に進みます。エコノミストが発するべき声とはどんな声か。それは「荒野で叫ぶ声」だと私は思います。「荒野で叫ぶ声」という言い方は、聖書の中に出て来ます。洗礼者聖ヨハネという人の役割について語られた言葉で、要するに、社会の外側、つまり荒野にいて、そこから、世の中のゆがみや問題点について警告を発する人、というニュアンスの言い方です。私は、エコノミストの役割がまさにこれだと思うのです。政治家や経営者や官僚たちとは一線を画し、その世界の外側から状況を注視し、警告を発する。その役割に忠実でなければ、エコノミストとしての責務を果たしているとは言えないと思うのです。

しっかりした一本の腕と、力強い荒野の声をもって、経済の謎解きに挑んで行きたいと思います。お付き合い頂ければ誠に幸いです。どうぞごひいきに！

気になる戦略待望論☆

このところ、どうも気になる言葉が一つあります。それは「戦略」という言葉です。あちこちで、この言葉に出くわすようになりました。「成長戦略が求められる」「国家戦略が問われる」「中国との間では、戦略的互恵関係を重視しなければならない」こんな調子です。

実を言えば、筆者の職場であるビジネススクールの世界でも、この戦略という言葉はよく使われます。「経営戦略論」というのはビジネススクールの基幹科目の一つですし、人事戦略とか、戦略的企業再生というような言い方もします。その意味では、商売柄、あまり戦略という言葉の悪口を言ってはいけないのかもしれません。ですが、そうは言っても、やはりこの「気になる感」から目をそむけるわけにはいきません。

なぜこの言葉が気掛かりなのか。そこには、どうしても一定の物騒さが伴うからです。「戦略」を『広辞苑』で引けば、次の通りです。「各種の戦闘を総合し、戦争を全局的に運用する方法。転じて、政治社会運動などで主要な敵とそれに対応すべき味方の配置を定めることをいう」

要は戦の仕方を語る用語なわけです。したがって、おのずと敵と味方の間にはっきり線を引くことになる。誰が敵で誰が味方か。それを見極めるところから話が始まる。さらに言えば、誰かを敵に回すことが前提になっている。いまどき、こんな言葉がはやっていいのか。そこが気になるのです。

誰が敵かを見定めて、その相手に勝利するための陣容を整える。それが戦略です。そんな身構えでお互いに対峙《たいじ》していたら、そのこと自体が摩擦と衝突の種となってしまう。あまり戦略的にものを考えようとし過ぎると、どうもロクなことはないのではないか、そう思えてなりません。

ところが、ちまたではむしろ戦略思考の欠如を嘆く風潮が前面に出る今日このごろです。資源確保のために、政府はもっと戦略的に立ち回れ。食糧安全保障に関する戦略はどうした。新幹線も原子力発電所も、世界の大型インフラ開発案件を戦略的に受注せよ。そのために官民一体で励むべし。こうした危機意識が、しきりに威勢よく語られる世の中になっています。

危機意識が募るのはわかります。中国との間で、2010年9月、尖閣諸島沖船舶衝突事件が発生しました。北方領土に、改めてモーションをかけるロシアの動きも気になります。北朝鮮のそれこそ戦略的世代交代も不気味です。そんな中で、国家としての権益確保を強く求めたくなるのは、まずは、人情でしょう。

ですが、それにしても、「国家プロジェクト」とか、「官民挙げて」という類の言い方がむやみに飛び交う世相には、やっぱり一抹の怖さを感じます。この有り様には、どうも第一次世界大戦以前の世界を思わせるものがあります。あの時代は、植民地確保を巡る列強間の分捕り合戦の時代でした。まさか、そんな状態に逆戻りすることはないとは思いたいところです。ですが、およそ人間がやることについては、「まさか」で片づける発想は危険です。良きにつけ悪しきにつけ、人類の歴史というものは、「まさか」の実現の連続だとさえ言えるでしょう。「そんなこと起こるはずがない」と言いたくなった時こそ、ご用心。

国家が戦略的にビジネスに乗り出すとは、どういうことか？　それは結局のところ、囲い込みと一人占めの一番乗り競争をもたらします。そして、その早い者勝ち争いによって、世界が分断されていくことを意味します。グローバル時代だというのに、こんなことでいいのか？　グローバル時代におけるビジネスの在り方を議論しながら、戦略論を唱えることは少々おかしくはないか？　ビジネススクールでも、この辺りをしっかり議論する必要がありそうに思います。……などと、あんまり言うとしかられるかな？

同類志向の怖がり男性経営者たち☆

日本の企業経営者はなぜ男ばかりなのか。株主総会シーズンに入って、携帯イミダス編集チームの皆さんから、この問題提起を頂戴しました。誠に然りですね。何故なのか。筆者も実に不思議に思います。

確かに、問題は経営責任者ポストですね。その位置に女性が不自然に少ない。イミダスの皆さんが身を置かれているメディア業界も、そうだと言えると思います。

ここで思い出すことが一つあります。新聞協会の会合で講演させていただいた時に聞いた話です。前年の講演者だった作詞家の阿木燿子《あぎようこ》さんが、会場を一目みて仰天し、次のようにおっしゃったそうです。「こんなに見渡す限り黒々と男性で埋め尽くされた会場で話すのは、刑務所のイベントでお話しして以来のことです」。メディアワールドは刑務所だったのか！

刑務所はともかく、メディアのようにクリエイティブであるはずの世界で、感性豊かな女性たちがもっと主力を占めないのは、なぜなのか。

この場合の答えは簡単です。つまり、クリエイティブな現場から遠ざかれば遠ざかるほど、女性の数が少なくなるということです。阿木燿子さんが目の当たりにされた刑務所的オール男性集団は、メディア陣といっても、その経営層の人々でした。報道の第一線で活動する記者さんたちではなくて、メディアという組織の責任者たちです。その階層になると、業種・業態のいかんを問わず、女性極少世界になってしまう。

経営層から女性を排除する力学は何なのか。

そこには、どうも次の四つの力の交錯と綱引きが働いているように思います。すなわち、同類志向、異類志向、冒険心、そして恐怖心です。これらの要素を縦軸・横軸に配して座標平面をつくってみるとどうなるでしょうか。

縦軸を同類・異類軸として、上に行けば行くほど異類志向が強く、下に行けば行くほど同類志向が強いということにしましょう。横軸が冒険心・恐怖心の軸で、右に行けば行くほど冒険心が高まり、左に行けば行くほど恐怖心が募るということにしましょう。

この座標平面上に、黒々オール男性集団と化した企業経営者の集まりを配置してみると、どうなるでしょうか。彼らは、要するに同類志向が強くて恐怖心が大きい。似た者同士でいることに安心感を覚え、自分たちと違う存在を受け入れることに対する恐怖心が強い。

ちょっと違和感のあるものを取り込んで冒険してみるか、という感覚が希薄であればあるほど、そのような集団はこの座標平面上の最も左下の角に位置することになるわけです。

逆に、似たものだらけではつまらない。相異なるもの同士の切磋琢磨《せっさたくま》の中から新しいものをつかみとろう。異なるもの同士だからこそ、新たな共存・共栄への発展的な道が開けるのではないか。そのような行動原理を持つ集団は、この座標平面上で最も右上の角に陣取ることとなります。日本の場合、長く男性社会状態が続く中で、大多数の企業が座標平面上の左下の端の方へ端の方へとみずからを追いやって来た。どうもそういうことではないかと思います。

真っ黒けでもいい。退屈でもいい。同類同士でもたれ合っていけば何とかなるだろう。知らず知らずのうちに、この感性がどんどん深く広く根を張って来た。その結果が、刑務所的均一性症候群なのではないでしょうか。

それに対して、多くの女性が活躍する創造的な現場であればあるほど、そこは上記の座標平面上の右上的空間だということでしょう。

もっとも、ここまで来ると、注意を要する点が一つありますね。それは、今後、もし日本社会において女性経営者が主流となったら、その時、何が起きるかということです。

我らもまた、これまでの男性たちと同様に同類志向を強め、踏み出すことへの恐怖心の強い集団と化してしまうでしょうか。それとも、多数派となってもなお、我らはシャープな異類志向と果敢な冒険心に満ちた存在で有り続けることが出来るでしょうか。

身が引き締まりますね。

富は分配して初めて富なり☆

２０１３年４月８日、マーガレット・サッチャー元イギリス首相が逝去しました。毀誉褒貶《きよほうへん》の実に激しい人でしたね。何しろ強気で、威勢のいい過激発言をたくさん残して帰天して行きました。

そのサッチャー語録の中に、次のようなのがあります。

「善きサマリア人は、善人だったから有名になったわけではない。彼は金持ちだったから世に名を残すことが出来た」

善きサマリア人は、『新約聖書』の中に登場する人物です。ご存じの方も多いでしょう。ある旅人が追いはぎに襲われて身包《みぐる》み剥がれ、傷ついて路上に倒れています。立派な高僧や上流階級の人などが通りかかりますが、君子危うきに近寄らずとばかり、可哀想な旅人を見て見ぬふりをして立ち去ってしまうのです。

ところが、次に通りかかったサマリア人は、直ちに旅人を宿屋に連れて行き、至れり尽くせりの看病をします。しかも、自分が宿屋を出発するに当たっては、主《あるじ》にたっぷりおカネを渡して、ちゃんと面倒見てあげてくださいねと言い残します。

隣人とはかくあるべきものだ。イエス・キリストはそう言って、この例え話を締めくくります。彼の弟子たちはユダヤ人です。当時のユダヤ人にとって、サマリア人は軽蔑すべき人種でした。崇敬する我らの先生が、宿敵サマリア人をほめている。それに弟子たちはショックを受けます。

この話について、サッチャーさんがさきの独自解釈を語ったわけです。

彼女によれば、かのサマリア人はカネを持っていたからこそ、あそこまで手厚く不運の旅人の面倒をみることができた。つまり、彼には他人に分け与える富があったからこそ、善行を実現できたのであって、いくら善人でも先立つものが無ければ善行は施せない。従って我々もまた、善きことをするためにはまず金持ちになっておく必要がある。

これが彼女の解釈でした。

これを聞けば、「成長による富の創出」を叫び、「縮小均衡下の分配政策」を排する安倍晋三首相が、さぞや、我が意を得たりと大喜びするでしょう。確かに、それなりの理屈ではあります。ですが、この理屈は、やっぱり論理が転倒しています。

善きサマリア人の偉いところは、カネを持っていたことにあるのではありません。彼の偉さは、持っていたカネを惜しげもなく隣人に分け与えたところにあります。カネを持っていることが最も重要なら、哀れな旅人の前を素知らぬ顔で通り過ぎた人々の方が、このサマリア人よりも重要人物だったということになります。

しかしながら、彼らの富は分け与えられなかったが故に、この場面において何の役にも立っていません。

一つの経済社会において、いかに豊かな富が蓄積されていても、それが一握りの人々の手中に全て収まってしまっていたのでは、その富が十分な幸せと豊かさを生んでいるとは言えないでしょう。そのような状況は、全体最適だとは言えても、全員最適だとは言えない。

自由民主党の政権公約の中には、「全員参加型」経済という言い方も出て来ます。それを真剣に考えているのであれば、分配というテーマを決して避けては通れないはずです。

我が身をほろぼす近隣窮乏化 ☆

「近隣窮乏化」という言葉があります。古い言葉です。古典的な経済用語だと言っていいでしょう。1930年代において、国々がお互いに仕掛け合っていた通貨・通商戦争について、この言葉がよく使われました。

古い言葉なのですが、実は、このところ、しばしばこの言葉があちこちから聞こえて来るようになっています。G20諸国の中から、そしてIMFの中からも。彼らは、別段、歴史を回顧しているわけではありません。今の世の中を語る中で、この古典的な言葉が人々の口をついて出るようになっているのです。

そもそも、近隣窮乏化とはどういうことなのか。全く、読んで字のごとしです。要は、ご近所を貧乏にすることです。そのような結果をもたらす行動や政策を、近隣窮乏化行動と呼ぶのです。

ある国が、自国通貨の価値を引き下げるとします。それに首尾よく奏功すれば、通貨安のおかげで、その国の輸出品は外貨建てで値段が下がります。したがって、輸出は伸びることになります。一方で、輸入品は通貨安に見合って高くなりますから、国内に入って来にくくなるわけです。

輸出が伸びれば、いうまでもなく、輸出産業はハッピーになります。輸入が減れば、国内の輸入競合産業も、売れ行きが伸びて、やっぱりハッピーになります。二重の喜びですね。

ですが、この喜びは、ご近所の皆さんの幸福を踏みにじってつかんだ喜びにほかなりません。ご近所さんたちからみれば、通貨安追求国の輸出増は、自国の輸入増につながります。急に輸入品がなだれ込んで来れば、国内産業が窮地に陥ってしまいます。相手の通貨安が進めば、価格競争力が低下して、相手への輸出も滞ることになります。すると、輸出産業も疲弊する。

かくして、ご近所さんたちに二重の不幸が訪れて、彼らの窮乏化が進んでしまいます。

グローバル時代においては、ご近所いじめはモノの貿易の世界だけに止まりません。カネの流れを通じても、ハタ迷惑さが広がりやすいのです。

デフレ国がやたらに金融を緩和する。すると、そうして作り出された余りガネは、より高い収益機会を求めて、国境を越えて出稼ぎに行ってしまいます。その出稼ぎ資金の洪水に見舞われた新興国や高金利国では、過剰流動性バブルが噴出して、経済が混迷することになります。

そんなこと知るか。ヒトのことを考えている場合ではない。一国の政策は自国の国益を守るのが仕事だ。輸出は伸ばす。輸入は阻止する。デフレは脱却する。株は上げる。自国通貨は安くする。外野の遠吠えなどは、気にするな。こんな心境や語り口が蔓延すれば恐ろしいことになります。

しかも、近隣窮乏化物語には、まだ続きがあります。

ご近所さんたちが徹底的に窮乏化してしまうと、どうなるでしょうか。彼らはモノを買うことが出来なくなります。そうなれば、いくら通貨安で押し売りをしようとしても、上手《うま》くいきません。買い手が存在しない市場で、いくらたたき売り作戦を展開しても、空しいだけです。

圧倒的勝利を博したその日から、転落と衰退が始まる。だからこそ、武芸者たちは、常により強い相手の存在を追求し続けたのです。塚原卜伝《つかはらぼくでん》から、柳生新陰流《やぎゅうしんかげりゅう》の幕末の末裔《まつえい》たちに至るまで。

要するに、近隣窮乏化は結局のところ、自己窮乏化につながって行くのです。こんなことは、誰にでも解るはずですよね。ヤクザ気取り型の政治家にも、浦島太郎型ぼっちゃん政治家にも。

リッチスタンはなんの国？☆

「リッチスタン」という言葉が、にわかに大ブレークしそうな気配になってきましたね。ＮＨＫテレビでも、ごく最近取り上げられました。いち早く、注目されている方も多いだろうと思います。

リッチスタンは、造語です。「リッチ」すなわち「金持ち」と、アフガニスタンとか、パキスタンなどという国名に使われる「スタン」を合体させた言葉です。アメリカのウォール・ストリート・ジャーナルの記者が発明しました。

リッチスタンは、世界の富裕層によって構成される仮想国です。グローバル化の波に乗って、急速に豊かさのレベルを高めた人々や企業たちがその住人です。

リッチスタン人となった金持ちたちは、生まれ故郷を容易に捨ててしまいます。なんのために捨てるかと言えば、節税対策です。自らの努力によって築き上げた巨万の富を、なぜ、国々の政府によって召し上げられなければならないのか。そう考える彼らは、究極のタックスヘイブンを探して、地球経済上を放浪します。

リッチスタン人たちは、また時として引きこもりもします。リッチスタン人同士が集まって、籠城するのです。居住地の周りに高い壁を張り巡らせ、警備会社と高額の契約を結んで、独自の「国防」体制を取ったりするのです。

リッチスタンの存在を、グローバル時代を生きる我々はどう受け止めたらいいのでしょうか。自己防衛行動としてみれば、彼らの生き方にも、一定の合理性があると言えるでしょう。自らの能力と努力の成果を、誰にも分捕られたくはない。その気持ちも分かります。

ですが、リッチスタンが大きくなればなるほど、リッチスタンは、結局のところ、滅亡に向かうのだろうと思います。

そう考えるべき理由が二つある。第一に、多様性無きところに滅びありです。そして第二に、分かち合い無きところにも、滅びありです。

同じようにリッチで、同じように節税ばかり考えている、同じような感覚の人々の中からは、同じではない何物も生まれてはこないでしょう。状況も思いも、自分たちとは大きく異なる人々と共に生きていてこそ、人間は新鮮な感性を維持できるというものです。

また、リッチスタン人たちが富を独占してしまったら、どうなるでしょうか。彼らの中から、せっかく、世の中の役に立つ何かを生み出す人が出てきても、その成果をリッチスタン人以外の人々は、買うことができません。富は分かち合うからこそ、より大きな豊かさを生み出すのです。独り占めしていたのでは、そこからは新たな価値は生まれません。

むろん、そもそも、たとえ、そのような新たな価値の創造につながらなくても、分かち合いをケチることは間違いです。そこを見誤ってはいけません。ですが、それにしても、独り占めが、結局は自分にとっての市場や活動の場を狭めることは間違いありません。

プロ野球も、ジャイアンツが強すぎると面白くない。だから、誰も野球を見なくなる。かくして、強さの独り占めは自滅につながる。リッチスタンは、自己破壊の大国です。

税金を取る時は酔っ払いに気を付けて☆

「強い酒にはご用心である。飲むと、徴税人たちに向けて発砲し、しかも、撃ち損じることになるからだ」。ロバート・A・ハインラインの言葉です。ハインラインは皆さんご承知の通りの人物。アメリカを代表するSF作家です。お好きな方も多いでしょう。

この言い方、さすがは、シャープな空想科学小説家ですよね。実にコンパクトに、実に勘所を押さえて、税金というものに関する人々の思いを表現してくれています。

自分のカネは自分のカネだ。自分の力で稼いだカネだ。自分のカネは、自分のために使いたい。そして、自分にとって大切な人々のために使いたい。我々のポケットに手を突っ込んで、政府が我々のカネを巻き上げていくとは、一体、何事か。

いずれも、至極もっともな人間的心情です。それを踏みにじってまで、国家が国民から税金を徴収しなければならないのは、そもそも、なぜなのでしょうか。

消費税増税に向かって、政治が動きだした今です。改めて、この税金が何のため、誰のためにあるのかを考えてみてもいいでしょう。

国が税金を取るのは、その収入を使って国民に奉仕するためです。安全や健康や利便性の基盤を、国民のために確保する。そのような使命を国が果たすための必要経費。それをまかなうために、税金があるのです。

国民という名の顧客に対して、国というサービスプロバイダーが満足度の高いサービスを提供する。そのための資金源が税金であるわけです。

我々納税者は、以上のような国民と国家の間の関係を忘れてはいけません。顧客である国民は、国というサービス事業者に生活基盤を支えて欲しいなら、サービス料金としての税金をきちんと払わなければいけません。

その一方で、サービス事業者としての国の有用性と有効性については、常に厳しく監視している必要があります。サービスのレベルに問題が生じているなら、きちんと納税を拒否することで、そのことに対するサービス事業者の注意を喚起する、そのような対応が必要になる場面にも、場合によっては遭遇するかもしれません。

ちなみに、経済学の生みの親だと言われるアダム・スミスが、その代表的著書である「国富論」の中で、消費税に言及しています。

消費税といっても、今の日本で採用している消費税そのものではありません。一般論的に、「人々の消費行為に対して課税する」と言うやり方についての論及です。ですが、今日的にも、大いに示唆的な言葉です。

生活必需品の消費に課税するなら、それに見合って人々の賃金が上昇する必要がある。これが、スミス先生の主張です。

先生はなぜ、こう主張するのか。それは、収入が増えなければ、労働者は増税によって値段が上がった必需品を買えなくなるからです。人々が生活必需品を買えなくなる。そのような結果をもたらす税金のかけ方はいけない。それでは、彼らの生活が立ち行かない。スミス先生はそう考えていたのです。

誠にごもっともです。この租税論理を徴税人たちが理解していれば、酔っ払いに撃ち殺されなくても済むでしょう。

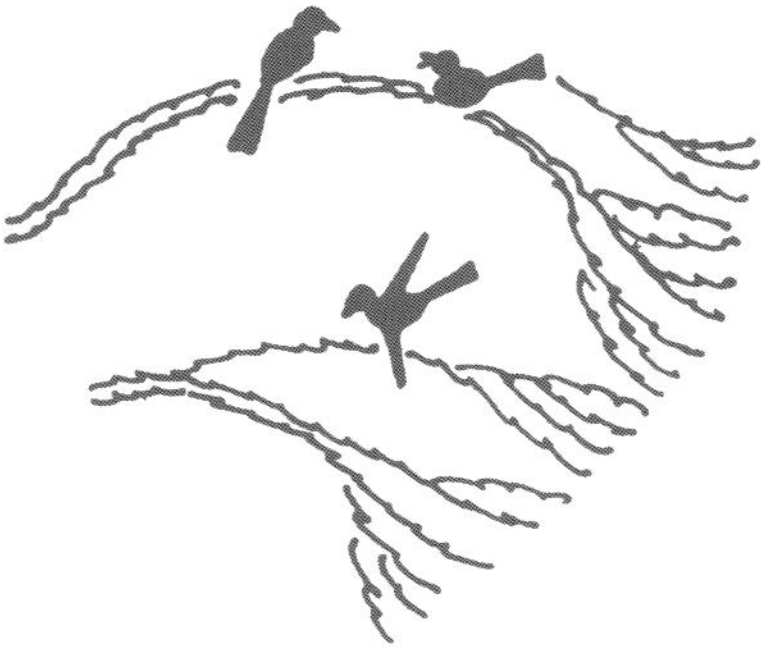

成長幻想はもうやめよう☆

安倍晋三政権が、成長戦略の改訂版を準備中だそうです。２０１４年４月第２週の週末に開かれたＧ20財務相・中央銀行総裁会議では、「グローバル経済の成長率を向こう５年間で今の想定より２％以上引き上げる」ことを目指すという合意が成立しました。世の中は、なぜ、ここまで成長が好きなのでしょうか。

ＩＭＦ（国際通貨基金）の最新予測によれば、14年のグローバル経済は実質３・６％の成長となる見込みです。地球規模で経済活動が３％強も大きくなるというのです。十分に立派な数字です。この数字を、なぜさらに２％も引っ張り上げなければいけないのでしょうか。グローバル経済は巨大です。この巨大な図体を、さらに大きく膨れ上がらせる必要が、一体、どこにあるのでしょう。

成長しなければ行き詰まる。成長率低下は死に至る病だ。どうも、世の中はすっかりこのように思い込まされているようです。

育ち盛りならともかく、例えば、筆者くらいの年になれば、もう、背が伸びることはまずない。むしろ、この年で背が伸びたら気持ち悪いですよね。背が伸びないからといって、そのことが原因で死に至るようなことはありません。

すっかりいい年となった大人が、大きくなれなくなったからといって、それだけで、人生が行き詰まるなどということはありません。人間の営みである経済活動だって、同じことです。それなのに、なぜ、人類は成長にこだわるのでしょう。

ここで、ふと気が付いたことがあります。問題は、成長という言葉にあるのではないか。そう思い当たりました。経済が成長するというのは、あくまでも、単に経済規模が拡大することを意味しているのです。

ですが、我々が成長という言葉を使う時、そこには「大人になる」とか「賢くなる」とか、「成熟度が増す」というニュアンスが伴いますよね。例えば、「あいつ、結構、成長したなぁ」とか、「彼にはどうも成長が見られない。伸び悩んでいる」などという言い方をします。

この感覚があるから、人は成長が止まることを恐れるのではないでしょうか。

してみると、我々は経済を語るに当たって、成長という言葉を使うのをやめた方がいいかもしれませんね。経済成長率ではなくて、経済拡大率と言うべきなのかもしれない。成長を英語で言えば、growth です。これにも、やはり進歩とか成熟の語感が伴います。英語でも、economic growth はやめて、economic expansion への切り替えを徹底した方が、この際、誤解の余地が無くなってよさそうに思います。

単に大きくなることは、決して、賢さが増すという意味での成長にはつながりません。そのことを、何と、かの文豪、志賀直哉が我々によく教えてくれていますよ。

彼の珠玉の短編の一つに「宿かりの死」というのがあります。大きくなりたい願望に取りつかれたヤドカリが、次々とより大きな貝殻へとお引っ越しを繰り返します。大きなお宿にふさわしく、自分の体をより大きくしようと、日々頑張るのです。おかげで、彼はどんどん巨大化します。ところが、結局のところ、この作戦には切りがありません。それを思い知らされて、彼は絶望します。

失意のうちに、彼はお宿を捨ててしまいます。ですが、ヤドカリが、生身の裸一貫で生きていけるわけがありません。柔《やわ》なお尻が擦り切れて、死に至ってしまうのです。大きくなり過ぎることこそ、死に至る病なのです。

成長経済と成熟経済はどう違う？☆

成長経済と成熟経済はどう違うのでしょうか。

このテーマについて考えていて、気付いたことが一つあります。成長経済に必要なのは発育することです。それに対して、成熟経済に必要なのは均衡を保つことだと思うのです。

成長経済とは、すなわち伸び盛り、育ち盛りの経済です。発育途上の経済だということです。戦後、復興期の日本経済が、まさにそのような経済でした。およそ1945年から10年間くらいがその段階だったと言えるでしょう。

あの当時、焼け跡に放り出された日本人たちが、まともな生活に立ち戻れるためには、何はともあれ、経済活動の拡大と発展が必要でした。一刻も早く、大きく育つ。それが成長経済というものに課せられる課題なわけです。

人間が育つ過程を思い浮かべてみてください。発育途上の少年期には、ある時、突然、やたらと背丈ばかりが伸びるような時期がありますよね。また、ある時期には、急にひたすら肉付きがどんどん良くなったりします。その意味で、体のバランスが崩れることがあるわけです。

ですが、これは、あくまでも発育過程の話ですから、特段、神経質になることはありません。

いずれは、均整の取れた体付きに落ち着いていく。それが分かっていますから、心配することはありません。

それに対して、成熟経済の場合には、状況が違います。バランスに気を付けなければいけません。生活習慣病などが要注意ですね。暴飲暴食は、避ける必要があります。摂取カロリーをちゃんと計算する。肥満を避ける。健康管理にしっかり気を配らなければなりません。要するに、大人になればなるほど、総じて、賢く生きることが肝要になってくるのです。

既に賢く生きるべき時代に入った経済なのに、威勢良く発育する経済だった時代に後戻りしようとする。これはいけません。それは、実に大人げない行動です。そんな無茶をすれば、ぎっくり腰にでもなるのがオチです。

均衡維持に目配りしながら、過去における発育の果実を上手に味わって生きていく。それが成熟経済の麗しくて賢明な姿というものでしょう。

成熟経済を、無理やりに成長経済に仕立て直そうとしてはいけません。それは危険行為です。その無謀な試みによって、成熟経済の均衡が崩れてしまえば、命取りになりかねません。

成熟経済が均衡を失うと、それを復元することは相当に難しいと考えておかなければいけません。今の日本に、ぎっくり腰になりそうな兆候はないか。妙な成長ホルモンをみずからに注入した結果、バランスが失調してしまう兆候はみられないか。今、精密検査が必要な時を迎えている。そのように思えてなりません。

成長経済にとっては、成熟経済になることが目標です。立派な成熟経済になること、大人の領域に達すること。それを目指して成長経済が頑張ることは素晴らしいことです。成長経済は成熟経済化しなければいけません。

ですが、成熟経済が成長経済化しようとすることは、愚かなことです。

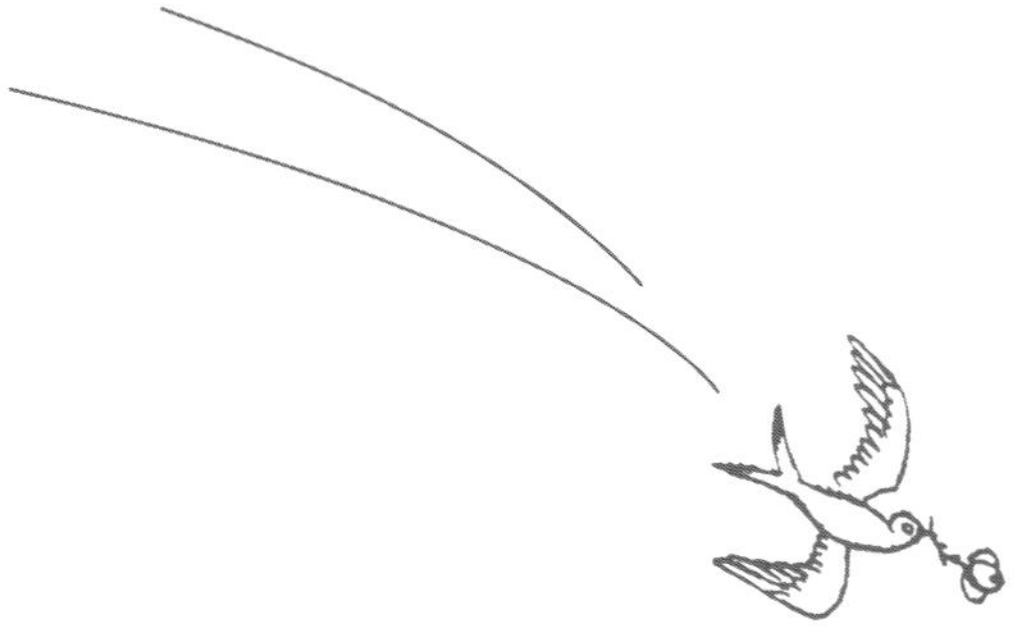

経済は矩を踰えず☆

「心の欲する所に従えども矩《のり》を踰《こ》えず」。皆さんはこの言葉をご存じですか？

これは、中国史上の大思想家、かの孔子先生の言葉です。70歳ともなれば、このような状態に到達するものだ。孔子はそのように言っているのです。

「心の欲する所に従」うとは、自分の思った通りに振る舞うということです。要は、やりたい放題、好き放題に行動するというわけです。しかしながら、「矩を踰えず」とは、どんなに好き勝手をしても、ルール違反はしない、社会的に許されないような生き方にはならない、ということです。この場合の「矩」とは規範とか節度、あるいは規律を意味しています。

とことん、自分らしい生き方を貫く。やりたいことをやりたいようにやる。だが、決して世間にご迷惑をかけたり、人さまを痛めつけるようなことにはならない。自我と倫理の間の絶妙なバランスを、労せずして達成することが出来てしまう。これぞ悟りの境地だ。孔子先生はそう言っているのです。

この「心の欲する所に従えども矩を踰えず」は、人間の生き方として理想の境地だと言えるでしょう。同時に、筆者にはこれが経済活動というもののあるべき姿だと思えるのです。

経済活動においては、利益追求が大きな目的になります。その意味で、経済活動とは、すなわち欲望の貫徹を目指す活動だ、という風に解釈されます。人間の欲と欲とが裸でぶつかり合う。それが市場だ。市場と倫理は無関係だ。とかく、そのように考えられがちです。

しかしながら、これは少々違うと筆者は思います。経済活動は人間の営みです。そうである以上、そこにもまた、孔子先生が言われるような行動原理が当てはまってしかるべきところでしょう。

経済活動において、確かに人間は「心が欲する所に従」って自分の利益を追求します。「心の欲する所に従」ってやりたい新規事業を立ち上げたり、新商品を開発したりするのです。ですが、そのことが「矩を踰える」ことは、経済活動が人間の営みである以上、やっぱり許されない。どんなにもうかる事業でも、どんなに大ヒット間違いない新商品でも、それが誰かを傷つけたり、世の中をかき乱したり、環境を破壊したりするのであれば、それらの存在を認めるわけにはいかない。それが経済活動の基本原理だと思うのです。

その意味で、経済活動においてもまた、自我と倫理との間のバランスを取るのが当たり前。そのバランスを労せずして発見し、労せずして保てるようになる。それが真の経済人の在り方だと思うところです。

ところで、皆さんはお気づき下さっているでしょうか。「矩を踰えず」の「矩」は、筆者の名前、「矩子」の「矩」です。かくして、誰も矩子を踰えることは出来ない！　なーんちゃって。失礼いたしました。

経済合理性論の不合理を正そう☆

皆さんは、「経済合理性」という言葉をご存じですよね。最近、この言葉について、改めて考える機会がありました。

ある知人が、「政策が経済合理性ばかりを追求して、原発再稼働に固執したり、やたらに大企業を優遇するのはけしからん」と怒りをあらわにしたのです。この指摘に込められた思いは、実に正しいと思います。全く同感です。

ただ、経済合理性という言葉をこのような形で使ってしまうことには、少々、問題があると思うのです。正しくは、「政策が経済合理性を無視して原発再稼働に固執したり、やたらに大企業を優遇するのはけしからん」という言い方になるはずです。なぜなら、経済活動は人間の営みです。人間が、人間のために執り行うのが経済活動です。

そうなのであれば、経済合理的であるということは、すなわち、人間のためになり、人間を幸せに出来るということを意味している。そういうことになりますよね。人間が人間のために行う営みが、人間を不幸にしたり、人間を危険にさらすというのは、おかしな話です。つまり、そこに経済合理性があるとは言えません。むしろ、それはとても不合理で、理屈に合わないことだ。

そう考えるのが自然でしょう。

経済合理性にかなうということは、とりもなおさず、多少とも人間を傷つけることは絶対にないということに通じる。そのように考えるのが、思考の正しい筋道だと思います。

このように考えてくれれば、原発再稼働に経済合理性があるとは、どう考えても言えないでしょう。なぜなら、そこには、人間の命を大いに危険にさらす恐れが潜んでいるからです。ひたすら、大企業ばかりを優遇することにも、経済合理性はありません。そのことには、中小零細企業を存続の危機に陥れる危険性が伴うからです。

下請けイジメを黙認することにも、非正規雇用者を冷遇することにも、経済合理性はありません。もとより、そうした行為は、そもそも、人権擁護の見地から容認出来ないものです。そして、だからこそ、そこに経済合理性がないのです。

経済合理性にかなうということと、人権尊重は全く矛盾しません。むしろ、その逆です。人権を尊重しない行動に、経済合理性はありません。経済合理性の名の下に、人間に対する理不尽な行為を正当づけることは、全く論理的ではありません。経済合理性の第一要件は、多少とも人間を不幸にする余地がないということです。ここを、我々は再認識する必要があるのだと思います。

皆さんの周りで経済合理性という言葉が飛び交う時、それがどのような観点から使われているか、どうぞ、注意してチェックしてみて下さい。そして、この言葉が合理性のない形で使われていたら、どうぞ、その不合理を正して下さいますよう。

部分と全体、全体と全員☆

皆さんは、「最適」とか、「最適化」という言い方をご存じですか？　経済や経営の世界で、それなりによく使われる言葉です。

日本経済にとっての最適化は、どこにあるのか。経営の在り方を最適化するためには、何をどうすればいいのか。そんなことが論議の焦点になったりします。そもそも、最適とは何でしょう。最適化された状態とは、どのような状態のことを言うのでしょうか。

このような話題との関係で、何かと話題になるのが、「全体最適」と「部分最適」の関係です。部分最適を足し算しても、全体最適になるとは限りません。例えば、災害時に備えて個別家庭で生活必需品を備蓄するのは、実に合理的な行動です。最適行動だと言えます。ですが、全ての家庭が同じことをやると、何が起こるでしょう。

ご明察の通りです。日本中の家庭が物資の備蓄に走れば、世の中全体が物資不足に陥ってしまいます。つまり、個別家庭という「部分」にとっての最適対応を合算しても、世の中という「全体」にとっての最適状況には到達しない。そういうことです。このような関係のことを、「合成の誤謬《ごびゅう》」と言います。

部分最適を足し上げる作業が、ここで言う「合成」です。それをいくらやっても、正解に達しない。つまり、間違ってしまう。だから「誤謬」が発生するわけです。誤謬とは、すなわち「誤り」です。

「合成の誤謬」問題には、大いに注意が必要です。ただ、このところ筆者が気になっているのは、むしろ、これとは逆の問題です。言わば「解体の誤謬」です。こんな言い方は、筆者の勝手な表現です。ですが、どうしても、この問題が気になります。要は、全体が最適なら部分はどうでもいいのか、という問題です。

日本経済全体としてみれば、とても豊かで、景気も調子がいいようにみえる。しかしながら、それは、あくまでも、ごく一部の快調さが平均値を引き上げているからに過ぎない。個別的にみれば、そこには貧困にあえぐ人々の姿がある。このようなことでいいのでしょうか。

本当に重要なのは、実は全体最適でも部分最適でもないのだと思います。目指すべきは、全員最適でしょう。誰もが、自分にとって最適な状態を手に入れることができる。そのような経済社会をどう形成するか。どうすれば、それを実現することができるのか。そこに目を向ける必要があると思うのです。

もちろん、全員の最適が同じものである必要はありません。そうであるはずもありません。多様な人々にとっての多様な最適を、どう確保していくのか。誰もが、それを真剣に考える必要がある。政策は、殊の外それを真剣に考えるべきなのだと考えるところです。

財布は中身が勝負、膨らみ過ぎにはご用心☆

ごく最近、次のような質問を頂戴《ちょうだい》しました。「なぜ、日本政府は歳入の範囲内に歳出規模をとどめようとしないのですか」。これは、二つの意味で、とても重要な質問です。

第一に、日本の財政再建は、全くもって待った無しの大問題となっています。第二に、この質問の中には重大な誤りがあるのです。

第二点について言うと、実は日本政府の歳出規模は、常にその歳入の範囲内に収まっています。予算をみても決算をみても、歳入と歳出の金額は常に一致しています。それでは、日本の財政収支は、この間、ずっと均衡状態にあったということなのでしょうか。もちろん、そんなことはありません。問題は、歳入の内訳です。

一国政府の歳入は、税収と公債金に大別されます。公債金とは、要するに借金です。日本の問題は、歳入の中で借金が占める割合がとんでもなく大きいのです。

財政収支がどうなっているかを考える時、我々は国の歳入と歳出を比べてはいけません。比べるべきなのは、あくまでも国の税収と歳出です。ここを混同しないようにすることが必要です。そもそも、歳出が税収の範囲内にとどまっているのであれば、借金は発生しないわけです。

ところが、日本国政府の歳出は、その税収の範囲をはるかに超えているのです。そのため、一時は、何と、歳入の中で借金の方が税収を上回っていました。

給料では生活費が賄えない。毎月毎月、借金を重ねて、生活を維持している。そんな地獄のサラリーマンライフをイメージすれば、それが日本国政府の姿です。

問題は、いつまでこの借金依存型人生を続けられるか、ということです。それに「ノー」を突き付けられると、２０１６年に財政危機に陥ったギリシャと同じ道をたどる（ＥＵやＩＭＦから金融支援を受けるかわりに、増税や財政緊縮を強いられた）ことになってしまいます。

歳入に占める借金の割合は、要するに、一国政府が世間に甘えている度合いを示しています。甘えるのもいい加減にしろ。そう言われてしまえば、万事休すとなってしまいます。

ところで、ここにきて、日本政府の税収は増えているようにみえます。特に法人税収が増えています。ですが、これは、専ら株高と円安がもたらした一過性の効果です。思わぬタナボタで、一時的に給料が少し増えたに過ぎません。

財布は、膨らんでいればいいというものではありません。財布も、問題は中身です。借金やタナボタでいくら膨らんでいても、そんな財布は、いつほころびて、破れてしまうかわかりません。

トシコさんって誰？☆

皆さんは、桂文珍さんをご存じでしょうか。

上方落語の大スターです。文珍さんの演目の一つに「新・世帯念仏」というのがあります。その中に、あるお父さんがとっても賢くないダメ息子と会話する場面が出てきます。ダメ息子はフリーターです。

ダメ息子いわく「お父ちゃん、カネって借りると利息払わなあかんねんな。俺、それ知らんかってん」。このダメ息子は、遊ぶカネ欲しさに、サラ金から借金してしまったのです。それを聞いて愕然《がくぜん》とするお父ちゃんに、ダメ息子はさらに報告を続けます。

どうも、彼はサラ金からカネを借りられることをテレビのコマーシャルで知ったらしいのです。そのＣＭに、可愛いおねえさんが登場。彼女の映像の脇には、ちゃんと「利子○○％」と表示してありました。それなのに、ダメ息子はなぜ、カネを借りれば利子返済負担が発生することに気付かなかったのでしょうか。それは、彼がＣＭに出てきた「利子」を「トシコ」と読んだからでした。「利子」を、可愛いおねえさんのお名前だと思ったのです。お父ちゃんは絶句するしかありません。

おかしくも悲しいお話ですよね。ただ、「カネを借りたら利息を払わなあかん」というダメ息子にとっての新鮮な発見も、ひょっとすると、これからは修正を要することになるかもしれません。なぜなら、いまや「マイナス金利」の時代となっているからです。日本銀行も今年の年頭から採用している政策です。

マイナス金利という言葉の意味は、端的に言えば、カネを貯めていると罰金を取られて、カネを借りるとご褒美がもらえるということです。「カネ借りたら、利息もらえるねん」というわけです。

もっとも、マイナス金利政策が導入されても、さすがに、一足飛び《いっそくと》にカネを借りると利息がもらえる世界に踏み込むことはありません。日本の場合にも、今のところは、民間の金融機関が日本銀行に預けているカネの一部に罰金（手数料と言い換えてもいいでしょう）が科せられているだけです。この罰金の分だけ、民間金融機関はコストが上がることになってしまいました。

その分を相殺しようとして、彼らはマイナス金利政策の導入とともに、早々に自分たちがお客様に支払う金利を引き下げましたね。ですが、今のところ、まだ、預金金利をマイナスにする、つまり、我々の預金から手数料を差っ引くというところには踏み込んでいません。さすがに、それはなかなか出来ないでしょう。銀行からカネを借りると利息を払ってくれるという状態も、なかなか、今の日本で実現することはなさそうです。

ただし、デンマークなど、ヨーロッパの一部では、中小企業向けの融資にマイナス金利をつける、つまり、カネを借りると利息を払ってもらえるというやり方も始まってはいるのです。

こんな天地のひっくり返り方も、経済的な袋小路から脱出するためには必要な場面もないとは言えません。ですが、こうした非常手段の怖いところは、それが非常手段であることを人々が忘れてしまうことです。

カネを借りたら、利息を払う。それが普通です。ですが、普通でないことがあまり長く続くと、ダメ息子でなくても、カネを借りると利息が発生することを忘れてしまう、あるいは、そもそも知らない人たちが出現するかもしれません。そんな中で、ある時、突然、世の中が普通の世界に戻ってしまったら大変なことになりますよね。それが怖い今日この頃です。

オリンピアンになりたい☆

韓国のピョンチャンで冬季五輪（2018年2月）の熱戦が続いていますね。夏も冬も、オリンピックシーズンが到来すると、必ず頭に浮かんでくるのが「オリンピアン」という言葉です。元来、「古代オリンピアの住人たち」、あるいは「古代オリンピア的な」などの意ですが、「オリンピック選手」の意味で使われるようにもなっています。

ですが、この「オリンピアン」には、少し別の意味もあります。「威風堂々」とか「泰然自若」、あるいは「余裕綽々《しゃくしゃく》」などです。

ギリシャ神話に登場する「オリュンポスの神々」のイメージに由来しているのでしょう。神様たちのように堂々としていて、余裕があって、落ち着いている。そういうわけです。スケールの大きさの表現としても使われます。

近頃の日本は、どうも、あまりオリンピアンじゃない。そんな風に思われませんか？　誰もが、何やらいつも追い詰められていて、アクセクしていて、切羽《せっぱ》詰まっている。だから、いろんな問題が起きる。

大雪が降って列車が立ち往生すると、すぐそこに駅があるのに、乗客を延々と車両の中に閉じ込めてしまう。マイクロバスを出そうかと言われても、パニックして断ってしまう。新幹線に台車亀裂発覚問題が出れば、対策を検討する電話コミュニケーションが肝心なところで破綻して、つたない対応をしてしまう。目先の数字合わせに追われて、企業が不正行為を重ねてしまう。大学が入試問題作成でミスを犯し、しかも、それをなかなか認めない、などなどなど……。

みんな、落ち着きを失っている。冷静な対処が出来なくなっている。悠々とすることを忘れている。そのように感じること、しばしばです。

タクシーに乗っても、何やら、運転手さんたちがコチコチに緊張している。乗り込んだ途端に、「車内の温度はいかがですか？」と詰め寄ってくる。乗ったばかりの乗客に、にわかには返事し難いことに返答を迫る。まるで、目に見えぬ審査員に合否判定をされているようにみえる。ひょっとして、ＡＩに行動チェックをされてるのかな？

プレミアムフライデーだから、早く仕事を片付けて（片付けたふりをして）会社を出なくっちゃ。飲みに行かなきゃ。美術館に行かなきゃ。リラックスしなきゃ。せかせかせかと、追い立てられていく我ら。

悠然たるオリンピアンモードから、我らをどんどん遠ざける力学が、どうも、今の日本に充満しているように思います。だからと言って、田舎に移住して「我足るを知る」のスローライフに引きこもればいいのか。そうではないとも思います。それは、一種の現実逃避でしょう。現実逃避も時には大いに楽しいですが、逃げっぱなしは、これまた、あまりオリンピアンではないと思います。

　アクセク、せかせかを強要する窮屈ライフ。それをもたらしているのは何なのか。その圧力をどうはねのけるのか。オリンピアンな落ち着きをもって、これらのことをご一緒に考えていければと思います。

二章

経済ニュースを読み解く

国内経済編

「30年で2000万円問題」に関する立腹度ランキング☆

「30年で2000万円」。この問題を巡って騒ぎが大きくなっていますね。当然のことだと思います。実に多くの意味で、政府与党の意識と感覚に深い疑念を抱かせる問題です。

まずは、整理しておきましょう。金融庁の諮問会議である金融審議会の市場ワーキング・グループが日本国民の老後資金について報告書を取りまとめました。その中で、夫が65歳以上、妻が60歳以上の夫婦の場合、年金収入では生活費が毎月5万円、30年間つまり夫婦ともに90歳台となるまでの期間では2000万円不足するという試算を示したのです。そして、この不足分を補うために個人年金を手当てしたり、あらかじめ資産運用を進めておくことを推奨しました。

公的年金だけでは、老後の生活安定が保障されない。そのように、公的年金の担い手である政府の機関が宣言したのです。

これは驚くべきことです。なぜなら、政府はかねて日本の年金制度は国民に「100年安心」を保障すると言ってきているのです。2004年に公的年金制度改革を行った際にこのスローガンを打ち出しました。このうたい文句と「30年で2000万円」の赤字転落宣言との関係は一体全体どうなっているのでしょうか。その後に、所管大臣である麻生太郎金融相は、この報告書が政府方針にそぐわず誤解を招くというので、その受け取りを拒否しました。この受け取り拒否によって、この報告書はもはや存在しなくなった。それが、政府与党の見解のようです。

さて、この実に奇怪なる事件に関して、我々はそのどの側面に最も腹を立てるべきでしょうか。あまりにも突っ込みどころがテンコ盛りであるだけに、下手をすれば、立腹度ランキングを見誤ってしまいそうです。最も本質的に腹を立てるべき点から意識がずれないようにしなければなりません。そこでまず、この問題に関して筆者が思い付く立腹ポイントを列記してみました。

(1)「100年安心」だと言ったのに、実は「30年で2000万円足りない」だったとは、このうそつきどもめ。

(2)自力で2000万円貯めろという国民に対する突き放し方は何事か。

(3)2000万円をゲットするために資産運用に励めという。つまりは「貯蓄から投資へ」というわけで、「ハイリスク・ハイリターン」の危ない投資に手を出せと国民に言うのか。おまえら証券会社の回し者か。

(4)超低金利の中で、だからこそ預金の元本を増やそうというので、人々は謹厳貯蓄に頑張っている。まさかの時の安心安全のために、現金もしっかりタンス預金しておこうと考えている。こんな切ない生活を送っている人々の前に、お気楽に2000万円などという高嶺《たかね》の花をぶら下げるな。

（5）自分たちに意見するためにある審議会が出してきた報告書を、気に食わないからと言って受け取らず、なかったことにするとは、一体どういう了見か。何のための審議会制度だと心得ているのか。

ざっとこんなところかと思います。

いかがですか？　皆さんなら、これらの立腹ポイントをどのようにランク付けされますか？　筆者は、間違いなく（5）を1位にランキングします。これぞ強権。これぞ圧制。（1）がばれたから、それをばらした文書を葬り去る。この発想のおぞましさに、彼らの正体が余すことなく現れた。そう確信するところです。

フリーランスでキャッシュレス☆

お仕事はフリーランスで。お買い物はキャッシュレスで。これぞ今的生き方。我々にそう思い込ませる。どうも、そんな企みが進行中であるような気がします。

皆さんの中にも、フリーランスでお仕事をされている方が少なくないかと思います。フリーランスの生き方はなかなかすてきですよね。自分がやりたいことを自分がやりたい時に、自分がやりたい場所でやる。そのことが専門性を生かした報酬の獲得につながる。こうしてみれば、フリーランサーであることの良さは限りないように思えます。無論、いわゆる正規雇用型の仕事が限られていく中で、生計を立てていく上で実用的な選択でもあるわけです。

ただ、ここで忘れてはいけない問題が一つあります。それは、フリーランスになるということは、制約から自由であると同時に、保護の枠組みからもフリーになってしまうのだという点です。なぜなら、今日の労働法制は、基本的に雇用契約に基づいて特定企業のために働く「従業員」のための保護の枠組みだからです。

洋の東西を問わず、今の世の中、人々のフリーランス化が進む傾向にあります。この流れに対応して、多くの国々が「従業員」ではない働き手の権利擁護のために、新たな枠組みを構築しようとしています。日本でも、そうした対応が無いわけではありません。

ただ、日本の場合、このテーマに関して他の国々とかなり異なる側面が二つあります。

第一に、日本では、政府が政策的にフリーランス化をプロモーションしています。そのために中心的な役割を果たしているのが、経済産業省です。第二に、フリーランス化を推奨している割には、フリーランサーのための法的擁護の体制づくりは遅れています。遅れているというよりは、どうも、本気で取り組むつもりがあるようには思えないのです。

安上がりに使いまくりやすい労働者。フリーランサーたちが、そのように位置付けられてしまうことがあってはなりません。

キャッシュレス化も、やはり経済産業省が大いに推進しようとしています。そもそも、キャッシュレス化という言い方が不正確です。キャッシュレス化という表現が指しているのは、紙幣や硬貨が使われなくなるということです。キャッシュすなわち現金が消えて無くなるわけではありません。物理的な紙や金属の代わりに、電子的な記号を使って現金取引をする。つまり、物理現金から電子現金への切り替えです。この点は認識しておきたいところです。

日本はキャッシュレス化が遅れている。それが経産省の言い分です。中国も韓国も、どんどんキャッシュレス化を進めている。日本だけが取り残されていくのはまずい。そんな論調の普及に努めている観が濃厚です。

これがどうも怪しげです。電子現金による取引は、追跡が容易で匿名性がありません。我々の通貨的行動や資産状況が、下手をすれば、電子的現金取引の管理者には丸見えです。逆に、我々には、電子化してしまった自分の資産が目に見えなくなります。銀行預金を取り崩して紙幣化することが出来なくなれば、自分のカネであって自分のカネではないような世界に、自分のカネが吸い込まれてしまう。どうして、このような世界に行くことを急がなければならないのか。

フリーランス化することが、本当の自由につながるのか。キャッシュレス化することが、本当に必要なことなのか。「フリーランスでキャッシュレス」になることは、実は安上がりにこき使われながら、自分の資産が自分の資産でなくなることにつながらないのか。こき使われているうちに、本当に文字通りのキャッシュレス（＝金欠）になってしまいはしないだろうか。じっくり考える必要があると思うのです。

自分に関係なさそうで実は関係大ありなこと☆

自分には関係ない。だから、別にどっちでもいい。どうでもいい。そう思っていたら、実は大いに関係があって、大いにどっちでもよくはなかった。世の中、こういうことが結構あります。そのような観点から、今、気に留めておきたいテーマが三つあります。その一が、日本の厚生労働省による統計作成上のルール違反問題。その二がイギリスのEU離脱問題。その三がアメリカのドナルド・トランプ大統領が欲しがっているメキシコとの間の壁問題です。

厚労省は、「毎月勤労統計」という統計の取りまとめに当たって、定められた調査方法をきちんと踏襲していませんでした。従業員500人以上の事業所は、全て調査対象にする。これがルールです。それなのに、東京都に関しては対象1400事業所のうち、3分の1についてしか調査を実施していなかったのです。

とんでもないやつらだ。真面目に仕事しろよ。そう思われつつも、そうは言っても、自分にはあまり関係ないな。経済統計なんて、見る機会もないし、自分の日常生活とは、一切関わり合いがない。「毎月勤労統計」なんて、そもそも、今まで聞いたことなかったし。こんな風に反応された方々も、少なくなかったかと推察します。

それは誠にごもっとも。ですが、実はこの通称「毎勤」と呼ばれる統計は、我々の日常と決して無縁なものではありません。

まずは、雇用保険や労災保険の給付額が、「毎勤」統計から計算した平均給与額にスライドして変動します。労働組合が春闘賃上げ率の要求水準を決めるに当たっても、「毎勤」が示す賃金データの推移が重要な決定要因の一つです。政府にせよ民間予測機関にせよ、経済予測を行う際には、必ず「毎勤」を頼りにします。そのようにしてまとまった経済予測が、経営判断への影響を通じて、企業の採用行動や給与水準を規定します。「毎勤」、侮るべからずです。

イギリスのEU離脱問題は、イギリスの国民にとって大きな関心事です。ですが、彼らも、観念的な関心こそ強いものの、どこまで、この問題を自分たちの日常生活との関わりで意識してきたかは疑問です。EU離脱すなわち通称「ブレクジット」があろうとなかろうと、別にお天道様が照らなくなるわけじゃなし。とりあえず、明日はまたやってくる。そんな感じで受け止めてきた人々は少なくないでしょう。

ですが、その日が近づくにつれて、少々、様子が変わってきました。イギリスがEU加盟国である限り、物についても人についても、その出入りについての国境チェックはありません。ところが、ブレクジット実現ともなれば、突如として出入国管理が蘇る。そのおかげの物流の停滞や人が足止めを食うという問題が発生する恐れが濃厚です。医薬品不足が発生するかも。生活必需品がコンビニの棚から消えるかも。そんな懸念が次第に広がっています。物資の買いだめ行為もそろそろ起こり始めているようです。

メキシコとの間に壁が出来ようが出来まいが、自分の生活に直接的な影響はない。多くのアメリカ庶民がそう考えていたかもしれません。

ところが、トランプ親爺《おやじ》さんの「壁のためにカネよこせ」要求を、民主党が多数を占める議会下院がはねつけている。この睨《にら》み合いのおかげで、行政機能を継続するためのカネの動きも止まってしまった。おかげで、婚姻届けが出せない人々がいたり、給与が支給されないので、家賃が払えなくなる公務員が出てきたりしています。

このような具合で、一見、「とりあえず関係なし」と思われる出来事も、巡り巡って、自分たちの日常に実に直接的な形で重く重くのしかかってくる。経済の世界にはこういうことがありがちです。どうか、皆さんご注意を。

人は人手のみにあらず☆

「我々は労働者を求めた。ところが、やって来たのは人々だった」。戦後スイスを代表する作家の一人、マックス・フリッシュの言葉です。

今、日本の外国人労働者受け入れ体制が大きく変わろうとしていますね。関連法案の審議をどんどん進めてしまおうというので、政府・与党が躍起になっています。具体的には、「相当程度」の知識や経験を持つ外国人向けに「特定技能1号」、さらに熟練度の高い技能を持つ外国人向けには「特定技能2号」の在留資格を設けることが検討されています。

1号資格保持者の在留上限は5年で、家族の帯同は認めないという構想です。ただ、所定の試験に合格して2号資格に格上げになると、上限なく在留期間を更新できるようになるそうです。家族帯同も認められるのだと言います。これらの方向で法改正を進めていき、2019年4月からの施行を目指す。それが政府・与党の方針です。あまりの性急さに野党が強く抵抗していることは、ご承知の通りです。

猛烈ダッシュの制度づくりは、言うまでもなく、人手不足対応のためです。人に関する日本の門戸は、今まで実に固く閉ざされてきました。その禁断の扉が、ついに開かれ始めるというわけです。そのこと自体は、結構なことです。グローバル社会の有力な一員だと大見得を切りながら、人については事実上鎖国しているなどというのは、二枚舌も甚だしいことです。この点が是正されることに異論はありません。

ですが、今のこの展開はあまりにも動機が不純です。人手が足りないから、慌てて、にわか仕立ての入り口を用意する。「少し頑張って頂ければ、事実上の永住もありでございます。」とりあえず、何でもありで人を囲い込もうとしているのです。

マックス・フリッシュが言う通り、こうした呼び込みに応えてやって来るのは、人々です。「人手」という名前の労働マシンではありません。血も肉も汗も涙もある人々が、突然開かれた扉から入って来るのです。希望を抱き、期待に胸を膨らませてやって来るのです。そんな人々に、やれ「人手1号」だ「人手2号」だなどというレッテルを貼って、人手不足の現場に送り出していくというのです。

人手不足は、いずれ解消するかもしれません。ですが、だからといって、その時点で都合良く人々も消滅するわけではありません。そうなった時、政府・与党はどうするつもりなのでしょう。その時はまた、制度を変えて、「やって来た人々」を消去するための工夫を凝らすのでしょうか。人を「人手」としてしか見られないのであれば、そんなことにもなりかねません。恐ろしいことです。

ＩＲに咲く花々には、どうも毒々しさを感じてしまう＊

２０１８年7月の国会で「ＩＲ実施法」が成立した。ＩとＲはそれぞれ〝integrated〟と〝resort〟の頭文字である。両者を合わせて〝integrated resort〟だ。日本語で言えば、統合型リゾートだそうである。

だが筆者にはどうもそうは思えない。ＩＲのＩが〝integrated〟のＩに見えない。どうしても〝iranai〟のＩだと思えてしまう。ＩＲは、「いらないリゾート」だ。どうして今の日本にこんなものが必要なのか。皆目、わからない。ところが世の中、ＩＲで結構盛り上がり始めているらしい。後発国の日本は、これからダッシュでＩＲ運営のノウハウをにわか仕込みしなければならない。そんな雰囲気になっていて、ＩＲの海外研修などが多々企画されているのだという。

研修模様のルポがニュースで流れたりしている。そのうち、あちこちのテレビ局がＩＲ特番を放映し、新聞・雑誌が特集を組むことになりそうだ。既にそうなっているのかもしれない。「統合型」と言いながら、ＩＲの目玉商品は明らかにカジノだ。筆者がテレビで観た研修模様の報道でも、もっぱらカジノが焦点になっていた。それに加えて、ド派手なショーやキャバレーなど。電飾また電飾。怪しげなきらめきの世界が盛んにテレビ画面を彩っていた。

いえいえ、ＩＲの敷地内では国際会議も出来ます。映画祭なんかにもうってつけです。華麗なる国際交流と多様な文化が花開く場所。それがＩＲでございます。そんな紹介もされていた。だが、ＩＲに咲く花々には、どうも毒々しさを感じてしまう。

なぜ、今の政府は「いらないリゾート」を造ることにこだわるのか。エコだ、省エネだ、節電だと言いながら、なぜ、あの手のギンギンギラギラを日本のあちこちに設営しようとするのか。〝resort〟には行楽地という意味のほかに、「寄る辺《よるべ》」の意味がある。だから、〝last resort〟は「もはや、これだけが頼りの最後の寄る辺」の意になる。彼らには、もはや「いらないリゾート」しかすがれるものがないのか。それとも、これは国民を賭博の不夜城で精神的荒廃に引きずり込もうとする陰謀か。

「電子」対「物理」、現金はどっちがいいか☆

皆さんは電子派ですか？　物理派ですか？　電子派をフルネームで言えば電子現金派、物理派は物理現金派の省略形です。いずれも筆者の勝手なネーミングで、電子現金は電子マネーやビットコインなどの仮想通貨（筆者的に言えばこれは仮装通貨と書くべきだと思いますが）、クレジットカードなどを指します。物理現金は、実は物理的現金と言った方がいいでしょう。要は紙幣や硬貨のことです。

一般的には、物理現金をキャッシュと呼び、電子現金が普及することを「キャッシュレス化が進む」と言いますよね。ですが、筆者は、これはちょっと違うと思っています。電子マネーやビットコインでお買い物をしたり、電車に乗ったりするのも、現金決済です。電子マネーやQRコードでコーヒーを買う時、我々は別にツケでコーヒーを飲ませてもらうわけではありません。交通系ICカードで電車に乗る時も、ツケで乗せてもらうわけではありませんよね。

取引形態が電子的であっても、やっていることは、やっぱり現金決済です。ですから、電子決済化が進むことをキャッシュレス化と表現するのは不正確です。何が変わっているのかと言えば、それは、物理的な紙幣や硬貨をやり取りしなくなっていることだけです。つまり、今、進行中の変化は物理現金から電子現金への切り替えなのであって、現金決済が減少しているとは言えません。

この点をしっかり整理した上で、話を次のステップに進めたいと思います。

日本は、電子現金化がとても遅れていると言われます。実際に、韓国や中国では日常のお買い物がほとんどすべて電子現金で行われていると言っても過言ではないようです。物理現金お断りのお店が少なくないようです。スウェーデンでは、中央銀行が通貨の完全電子化を検討中です。デンマークでも、幅広く電子現金が使われていて、子供たちのお小遣いも、親から電子的に送信されるケースが多くなっています。

このようなグローバル・トレンドに、日本が立ち遅れてしまっていいのか。もっともっとフィンテックを駆使して、電子現金の世界に早く仲間入りしなくていいのか。こうした声が盛んにメディアを賑わせていますよね。

皆さんはどう思われますか？　筆者は力強く物理現金を支持したいと思います。理由が二つあります。第一に、現金が電子化すればするほど、我々は頭脳が退化し、創造性を失っていくでしょう。第二に、電子現金は監視の目から隠すことが困難です。

紙幣や硬貨を使っていれば、小銭がジャラジャラ手元にたまらないように、我々はあれこれ工夫をしますよね。割り勘の計算もしなければなりません。すっかり電子現金頼みになってしまえば、我々の工夫力や計算力は確実に低下していくでしょう。しかも、物理現金がなくなれば、すてきなお財布を作ってくれるデザイナーさんがいなくなってしまいます。それだけ、芸術性が死んでいきます。

さらに、電子現金は銀行から引き出して枕の下に隠し持ったりすることが出来ません。怪しげな権力の魔の手から逃げようとする時、懐に抱いて持ち出すことも出来ません。知らないうちに、自分の口座からどこかに吸い取られてしまうかもしれません。

こうしてみれば、日本で電子現金化が進まないことは、大いに結構なことだと思えるのです。皆さんのお考えは？

現行の「寿限無」的金融緩和はややこしすぎる＊

２０１８年7月30、31日に、日銀の金融政策決定会合が開かれた。そこで決まったことは、大別して次の通りだ。当分の間、現行の金融政策を変えない。短期金利の操作方式を変える。長期金利の操作方式を変える。ＥＴＦ（指数連動型上場投資信託）の銘柄別買い入れ額を変える。

変えない。だけど結構、変える。なんだか変だ。「現行の金融政策」は、「長短金利操作付き量的・質的金融緩和」という。長ったらしい。思い出すのが、落語の「寿限無《じゅげむ》」だ。生まれたての我が子につけた名前は、おめでたネタが目いっぱいてんこ盛り。だからとてつもなく長くなり、呼んでいるうちに日が暮れる。

寿限無的金融緩和の方針は、当分の間変えないのだという。ところが、「長短金利操作付き」の長短金利については、いずれもやり方が変わる。長期金利の方は、ゼロ％近傍に誘導するという基本方針は変えない。だが、許容変動幅の上限をこれまでの０・１％から、０・２％に引き上げるのだという。数字は小さいが、天井が一気に倍の高さになるわけだ。実は、なかなか大事《おおごと》である。

短期金利に関しては、民間金融機関の日銀当座預金のうち、マイナス金利を適用する部分を減らす。ＥＴＦの買い入れ銘柄調整は、特定銘柄への日銀買いの過大集中を是正するための措置だ。基本方針を変えたくない。だが、変えないままだと諸々不具合が生じるようになっている。金融機関の経営が圧迫される。国債市場も株式市場もまともに機能しなくなってきた。だから、色々なことを変える。ややこしい。

ここでまた、別の落語を思い出す。「平林」だ。字の読めない小僧さんが「平林さん」のところにお手紙を持参する。だが途中で「平林さん」の名前を忘れる。道行く人に手紙の宛名を読んでもらう。すると、ある人は、「たいらばやし」という。またある人は「ひらりん」という。やがて「いちはちじゅうのもーくもく」とか「ひとつとやっつでとっきっき」などと読む人も出現する。結局、どう読むのか解らない。寿限無緩和もこれと同じだ。「変えない」は「変える」と読めばいいのか。

教育は生産性向上術にあらず☆

とっても気になる新聞記事が目に留まりました。日本経済新聞が掲げた連載企画「生産性考」シリーズの第4回目（2018年5月4日付朝刊）が教育現場の状況を取り上げていました。内容的には、日本の学校が生徒たちに押し付ける杓子定規《しゃくしじょうぎ》なルールや、画一性を問題視しています。そこにまったく異論はありません。若者が、伸び伸びと生き生きと、そして目一杯、創造性を花開かせる。それが教育に与えられた使命ですよね。元々、奇麗な茶髪に生まれた生徒さんに、「黒染めか、退学か」などと迫る。そんな、話にならない校則を糾弾する。上記の記事のこの姿勢には、喝采を送りたいと思います。

ですが、このテーマが、「生産性考」という枠の中で取り上げられていいものでしょうか。この点が、どうしても奇異に感じられるのです。この記事の中には、「学力が高い国が生産性が高いとは限らない」と題する図が示されていました。こんな問題が提起されることに、何とも強い違和感を覚えます。

我々は、自分たちの生産性を高めるために教育を受けるのでしょうか。生産性を高めることに寄与しない教育は、子どもたちにいくら高い学力を提供することが出来ても、意味ある教育ではないのでしょうか。生産性の向上を生み出さない教育は、教育ではないということですか？

筆者には、自分の生産性を高めるために学校通いをしていたという認識はありません。今日の先生方は、学生さんや生徒さんたちの生産性を高めることを目標に、教育に携わられているのでしょうか。そんなことはないはずです。皆さん、若者たちのみずみずしい知性を開花させることに注力されているに違いありません。ところが、ひょっとすると、今の先生方は、若者たちの生産性向上に寄与することが出来なければ、教員として高い評価を得られないのでしょうか。

人の髪の毛の色を、偽りの画一色に変えさせる。そんな教育は、最低よりもさらに愚劣さ極まる教育だとしか、言いようがありません。そんな教育は、変えなければいけません。これは、言うまでもないことです。ですが、そのような変革が必要なのは、生産性の向上に資するためではありません。ここが混同されてはいけません。そもそも、こんな混同と履き違えの過ちを犯さないためにこそ、教育があるわけでしょう。

皆さんは、フランスの文豪、アレクサンドル・デュマの大作、「モンテ・クリスト伯」をご存じでしょうか。この物語の主人公、モンテ・クリスト伯爵は、かつて無垢な若者、エドモン・ダンテスでした。彼は、仲間にだまされて投獄されてしまう。その時、仲間の裏切りを彼のために解明してれたのが、隣の牢獄にいたファリア神父でした。ダンテス青年は、神父様の謎解き力に感服します。そして、その謎解き力の源となった知性と教養に強い憧憬《しょうけい》を抱きます。

知性と教養は、このような時のためにあるのです。生産性を上げるためにあるわけではありません。

一億総忍者化時代？☆

「働き方改革関連法案」が衆議院を通過（2018年5月31日）しましたね。このまま参議院も通ってしまって、この体制が動きだすということになると、人々のワークスタイルにどのような影響が及んでくるのでしょうか。結論的に言うと、どうも我々は皆、忍者になることを強いられる恐れがありそうです。それはなぜか。以下の通りです。

安倍政権の「働き方改革」構想は、その眼目となっているのが「柔軟で多様な働き方」を推進することです。法案提出に至る過程では、もっぱら、「同一労働同一賃金」や「長時間労働の是正」を巡る成り行きが注目されてきましたね。

ですが、実を言えば、政府が「働き方改革」を打ち出し始めた時点では、これらの項目は彼らの構想の中に入っていなかったのです。その後にこれらが取り込まれたのは、端的に言えば、労働組合および野党との取引材料としてのことです。全くそれだけとは言い切れませんが、それにしても、安倍政権の中では、間違いなく、「柔軟で多様な働き方」が「働き方改革」ドラマの主役の位置づけに置かれ続けて今日に至っています。

それでは、彼らが考える「柔軟で多様な働き方」とは何か。そこには、ざっくり言って二つの側面があります。その一が「脱時間給制度の拡散」です。その二が「脱サラリーマン化の促進」です。

「脱時間給制度」の軸になっているのが、例の「高度プロフェッショナル制度」です。裁量労働制の拡大適用というのも、当初は彼らの構想に含まれていました。ですが、ご承知の通り、これは厚生労働省がサポート材料として出してきたデータが怪しげだったために、法案の中から外されました。「高度プロフェッショナル制度」は、専門性の高い仕事に従事していて、高給取りだと見なされる人々に対して、働いた時間ではなく、達成した成果に応じて給与を支払うという仕組みです。

「脱サラリーマン化の促進」にも、これまた二つの側面があります。その一が「兼業・副業の勧め」。その二が「フリーランス化の勧め」です。

さて、ここで忍者のイメージを考えてみましょう。忍者は、間違いなく高度プロフェッショナルですよね。そして、彼らは、働いた時間に応じて給料を支払ってもらうわけではありません。彼らに与えられるのは、あくまでも、成功報酬です。要は出来高払い。ミッションを達成しなければ、報酬は無し。下手をすれば、命も無し。忍者は兼業・副業が基本です。専業忍者というのは、まずいない。皆さん、お百姓さんやお店屋さんをやりながら、忍者稼業を兼務しています。そして、彼らは基本的にフリーランサーです。お座敷がかかれば、その場所に出かけて行って仕事をする。

かくして、安倍政権流の「働き方改革」が制度化されれば、我々はどんどん忍者の世界に向かって送り出されていく。「一億総活躍推進」とは、すなわち「一億総忍者化」のことだったようです。

忍者人生は、孤独で過重労働で、危険が一杯です。連れて行かれないよう、注意しましょうね。

とおりゃんせ男に出口なし☆

2018年4月9日、黒田東彦《はるひこ》日本銀行総裁の二期目の任期がスタートしました。再任後初の記者会見で、黒田総裁はそろそろ金融の「異次元緩和」も店仕舞いじゃないですか、その世界からの出口を探り当てるべきタイミングじゃないですか、と盛んに質問されました。それに対して、黒田さんは、ひたすら「物価目標の実現にはなお距離があり、検討する局面にはない」と答え続けたのでした。

これしか言わない。これしか考えてない。改めてこの黒田節を聞いたところで、筆者はこの人に新しい名前をプレゼントすることにしました。その名は「とおりゃんせ男」です。

皆さんは、「とおりゃんせ」の童歌《わらべうた》をご存じでしょうか。いろんなバージョンがあるようですが、筆者が子どもの頃から知っているのは次のものです。

「とおりゃんせ、とおりゃんせ。ここはどこの細道じゃ。天神様の細道じゃ。どうぞ通してくだしゃんせ。ご用のないもの通しゃせぬ。この子の七つのお祝いに、お札を納めに参ります。行きはよいよい、帰りはこわい。こわいながらもとおりゃんせ、とおりゃんせ」

よく考えれば、とても不気味なお歌ですよね。行きはいいけど、帰りは怖い。ひょっとすると、帰ってこられなくなるかもしれない。でも、どうぞお通りなさいよと言われた以上、しかも大事な用事がある以上、通っていかなければならない。

これこそ、まさに黒田さんの状況です。「2％の物価上昇実現」目標を掲げて、今まで誰も踏み込んだことのない「異次元緩和」の世界に踏み込んだ。「2％のお札」を物価の神様に首尾よくお納めするには、どうしても、異次元の細道を通らなければならない。2013年4月には、「行きはよいよい」とばかりに、「2年で2％達成！」と叫んで、異次元への細道に突入したのでした。

ところが、あれから5年、いまなお、物価の神様に巡り会えることなく、異次元の細道をさまよい歩いているのです。

始めてしまったことをやめるのは、実はとっても難しい。まさに、「行きはよいよい、帰りは怖い」のです。

実際に、今、黒田さんが異次元の細道から帰ってこようとすれば、何が起こるでしょうか。起こることは目に見えています。日本国債の相場も、日本の株価も暴落してしまいます。国債相場も株価も、いまや日銀が一手に支えていると言ってまったく過言ではありません。大量に国債を買い、大量に株を買う。そのことを通じて、日本経済目掛けて大量のカネを流し込む。これが「異次元緩和」です。

始めてしまったこの「異次元緩和」を日銀がやめる。国債市場からも株式市場からも日銀がいなくなる。そうなったら、二つの市場は完全にはしごを外された格好になります。はしごを外されたら、起こることは、急激落下しかありません。

こうしてみれば、黒田さんは帰りが怖いどころか、帰りは禁止の細道に踏み込んでしまっているのです。一体どうするつもりでしょう。

政府の働き方改革は、「働く方々」のための改革ではない＊

政府の「働き方改革」構想をめぐる国会論戦が、面白い展開になってきた。裁量労働制の効用を語ろうとして、安倍首相が答弁に使った材料が、まるで比較検討の対象にならない数値を比較していた。厚生労働省の単純ミスだというのが政府側の釈明らしい。だが、あんな複雑な間違いを単純に犯すということは、なかなかできない芸当だと思う。この点についてもご一緒に考えたいが、ひとまずそれはさておき、もう一つ、この問題との絡みでビックリすることがあった。

それは、菅義偉官房長官の記者会見時の発言の中に出てきた。2018年2月19日の会見である。裁量労働制に関する実態把握のやり直し要請に、どう対応するか。この質問に答える中で、あれこれ言い訳をした後、彼は次のように言っていた。

「さらに、働き方改革は長年にわたって議論をされながら、結論が得られなかった。（中略）働く方々にとっても極めて重要な改革であると考えており、その実現に向けて全力で取り組んでまいりたいというふうに思います」

この官房長官発言を筆者はテレビのニュースで聞いた。そこで「えっ」と思った。空耳だといけないので、念のため、首相官邸ホームページで発言内容を確認した。空耳ではなかった。

何が「えっ」なのかというと、それは、働き方改革が「働く方々にとっても」極めて重要な改革だと考えているというくだりだ。「も」とはどういうことか。誰それ「も」という言い方をするのは、そもそも、この誰それ以外の他に誰かがいる場合だ。そして「も」という扱いを受けるのは、基本的に副次的な位置づけにある存在だ。本命ではない。

この人のためにこれをやる。だが、これはそっちの人のためにも役に立つ。便乗できる「そっちの人」はせいぜいありがたく思え。そんな語感が、「働く方々にとっても」から漂ってくる。

実際にそうなのだろう。政府の働き方改革は、「働く方々」のための改革ではない。労働生産性を上げるための工作だ。だから、「も」という「ことのついで」的な言い方がポロリと出てしまう。物言えば唇寒しとは、まさしくこのことだ。官房長官「も」、どうぞご注意を。

今、窒息死が怖い日本経済☆

日本経済が窒息死しそうだ。このごろ、そう感じられて仕方がありません。政策が、日本経済を呼吸困難状態に追い込んでいく。そのように見えるのです。人々も、モノづくりの世界も、カネの回り方も、政策が作り出す息苦しい重圧に押しつぶされそうになっている。そう感じられるのです。カネの世界から見ていきましょう。株式市場でも、国債市場でも、何と言っても日本銀行の存在感が大き過ぎます。ですから、株価も国債相場も日銀が許容する範囲内でしか動かなくなっています。そのため、「官製相場」などという言葉がすっかり流行語になっています。

国債については、このまま日銀の存在感が大きくなり続けると、さすがに目立ち過ぎて具合が悪いというので、ドラスチックな制度変更が持ち出されてくる。そのような展開が懸念されます。どのような制度変更かと言えば、それは、日銀が市場で国債を買うのをやめてしまい、相対で政府から直接新発債を引き受ける方式を取るということです。衣料品のブティックなどが、バーゲン・セールの前にお得意さん向けの「プレ・セール」なんかをやりますよね。あんな感じです。

これを許してはいけません。我々国民に見えないところで、日銀が政府の注文に応じてカネを政府に献上するというのです。この道は、経済ファシズムに通じてしまいます。

モノの世界では、不祥事の発覚が絶えません。次から次へと、検査データの偽装や資格不保有者による品質管理体制の隠蔽が発覚する。こうしたやり方自体は、今に始まったことではないらしいですね。

だが、ここにきて相次いで実態が内部告発されているのは、それだけ状況がひどくなっているからではないでしょうか。その背後には、「日本の稼ぐ力を取り戻せ」と煽り立てている安倍晋三政権の政策運営が見え隠れします。成果主義的・近視眼的企業経営を奨励するような政策の方向付け。それが企業をルール違反の辻褄合わせに追い込んでいく。そのような力学が働いていそうな気がします。

ヒトに対しては、「働き方改革」・「生産性革命」・「人づくり革命」の圧力が重くのしかかってきつつあります。何はともあれ、労働生産性の向上が最大目標だ。そこに向かって、労働者という名の働く機械の効率をいかにして、どこまで引き上げるか。政策が、それらのことをひたすら追求しています。

我々がフリーランス化していくことを、政策が積極的・大々的に推奨しています。こんなことは、世界中、ほかのどこでもやってはいません。フリーランスになって、いくらでも長時間労働をやって下さい。いくらでもご自分の技量・技能を安売りして下さい。そんな調子です。

政策がもたらす呼吸困難による経済的窒息死。その場面が、ひたひたと近づいてくる。ホラー映画みたいです。どうか、ご用心を。

企てが企みに変わる時☆

企業不祥事が相次いで発覚していますね。神戸製鋼、日産自動車、SUBARU（旧富士重工業）。神戸製鋼では、検査データの改ざん問題が浮かび上がりました。日産とスバルについては、資格不保持者による新車検査が常態化していたことが分かりました。

いずれも、今に始まったことではなかったとのことです。かなり以前から、上記のようなルール違反のやり方が、何と「標準手順」になっていたようです。そうした実態が、今になって明るみに出てきたというわけです。

内部告発がこの展開をもたらしました。つまりは、それだけ、問題各社の従業員の皆さんの社会的責任意識が、従来に比べて高まっているということですよね。そのように解釈することが出来るでしょう。その意味では、今回の事態が悪いことずくめのものだとは言えないわけです。

ですが、それにしても、問題が発覚した企業は、いずれも「ものづくり大国ニッポン」を代表するはずのメーカーさんたちです。この体たらくは一体何事でしょうか。日本メーカーに関する「超高品質神話」は単なる作り話だったのでしょうか。

そう考えて呆れているうちに、「企業」の「企」という字が気になってきました。「企」は「くわだて」の「企」ですよね。そこで、「くわだて」の意味を『広辞苑』（第六版）で引いてみました。そして、とてもびっくりしました。「くわだてる」について、真っ先に出てきた意味が「つまさきだつ、かかとをあげて伸びあがる」だったのです。その次に「思いたつ、もくろむ、計画する」などが出てきました。

これはこれは。面白いですね。企てる者は、つまさきだつ者、伸びあがる者なり、というわけです。つまり、高みに達しようとする者たちだということですよね。背伸びしなければ、手が届かない。少し無理をしないと到達出来ない。そのようなところを目指そう。そう決意して頑張る。それが企業人だというわけです。このイメージ、決して悪くありませんよね。

ところが、「企」にはもう一つの意味があります。それは「たくらみ」です。これは、どうもいけません。「悪巧み」に通じるものがあります。確かに、うんと背伸びをして頑張っているうちには、くたびれてくることもあるでしょう。空しい思いに浸って落ち込んでしまう場面も出てくるでしょう。すると、背伸びし切れない実態を隠したくなる。ついつい、高みに到達出来たふりをしたくなる。そんな状態に陥った時、企てが企みに変わるのでしょう。企てから企みに乗り換える。その誘惑に負けた時、企業は、不正の魔の手に握り潰されてしまう。怖いことです。

日本のものづくり勇士たち、どうか、魔界からのご帰還を！

「人づくり革命」を目論む人はどんな人？☆

「人生１００年時代構想会議」なるものが造られました。またしても、安倍晋三首相肝煎《きもい》りの有識者会議です。

「働き方改革」について、安倍政権は２０１７年３月末に「実行計画」を取りまとめました。その内容を、関連労働法制の改正案として秋の臨時国会に上程しようとしています。このテーマでここまで漕ぎ着けたというので、彼らが次に力を入れようとしているのが、「人づくり革命」です。上記の「人生１００年会議」は、この「人づくり革命」構想を具体化するための施策検討会議。そのように位置付けられているようです。

「人づくり革命」というネーミングには何とも違和感を感じませんか？　ネーミングというより、これはむしろ考え方の問題でしょうね。

「人づくり」とは、何という言い方か。政治が人をつくるとはどういうことでしょう。

そこには、実に傲岸不遜《ごうがんふそん》な姿勢が滲《にじ》み出ています。自分は人をつくる人。そのように考える人は、自分を神だと思っているのでしょうか。どうも、そうかもしれないと考えてしまいます。ちょっとしたフランケンシュタイン博士気取りですね。

は、あの時、安倍氏は「生産性革命」を引き起こすのだと力い[illegible]

そのような構えをみせていた人が、今度は「人づくり革命」を打ち出している。となれば、「人づくり革命」の眼目は、人の生産性を革命的に引き上げることにある。このように考えてよさそうですよね。

革命的に人づくりされた人々が、革命的に高まった生産性を持ってお国のために働き続ける。人生100年を通じてお国のために『一億総活躍』させられ続ける。そんな未来を、このフランケンシュタイン政権は展望しているのでしょうか。

「人づくり革命」構想は、要するに「働き方改革」のいわば続編です。我々は、まず働き方を「改革」され、その上で「革命的な人づくり」による改造作業の対象となる。何やら、とてもブラックなSFの世界に吸い込まれていく気分になります。フラフラついていってはとっても危険そうですよね。

目指すはケアリングシェア社会☆

世の中、ちょっとした「シェア」ばやりですね。シェアハウスにライドシェア。民泊という名のシェアビジネス。企業経営の中では、「シェアードサービス」体制（間接部門の業務などを一つの部署に集約して、そのサービスを全社がシェアする）などというやり方を採用するケースが増えています。

このシェアという言葉、筆者は、ちょっと厄介な言葉だと感じています。なぜなら、シェアという概念には二つの顔があるからです。一つ目の顔が「分かち合い」の顔です。この顔はいいお顔ですよね。分かち合い仲間の笑顔は優しい。

ところが、シェアには、もう一つ、「奪い合い」の顔があるのです。企業が「わが社の製品は世界市場でナンバーワンのシェアを誇っている」などと言う時のシェアは、「市場占有率」を意味するシェアです。わが社のシェアが増えれば、その分、他の企業のシェアは減りますよね。つまり、市場占有率を意味するシェアは奪い合いのシェアです。

さらに、銀行強盗に押し入った泥棒さんたちが、お互いに「早く俺の分け前をよこせ」などと言う時の「分け前」もシェアです。これも奪い合いの対象となるシェアですよね。

さてそこで、どうでしょう。ライドシェアのシェアは「分かち合い」のシェアでしょうか。「奪い合い」のシェアでしょうか。自分の車にヒッチハイカーを乗せたり、タクシーに相乗りしたりするシェアはどっちのシェアだと思われますか？

現象的に言えば、車の中という一つの空間を分かち合っていることになりますよね。ただ、気分的にはどうでしょう。見ず知らずの人々が相乗り状態になった時、そこにどこまで分かち合い感があるでしょうか。下手をすれば、限られた車内スペースを奪い合っている感じになってしまわないでしょうか。

車内空間というスペースの中で、誰もが自分の分け前を切り取ってガードしている。そうなってしまったライドシェアに分かち合い感があるとは言えないでしょう。

シェアハウスを巡っても様々なトラブルが発生しているようですし、怖い事件もありました。一つの家の中で、人々が自分のための空間的分け前を確保しようと必死になる。そんな状況になってしまえば、シェアハウスは摩擦の温床になってしまいます。

分かち合いのシェアが、奪い合いのシェアに変貌《へんぼう》してしまうことは、どうすれば防げるでしょうか。筆者には、そこにケアがあることが勘所なのだと思えます。ケアとは思いやりであり、配慮であり、気配りです。お互いにケアし合う人々のシェアは、確実に分かち合いのシェアになります。

ケア無きシェアは、たちどころに奪い合いのシェアに転化してしまう。そのように思えます。

楽しく優しくシェアハウス住まいをされている皆さんは、お互いにケアの手を差し伸べ合っておいでなのだと思います。そこに生まれる「ケアリングシェア社会」が豊かに広がればいいなと思うところです。

残業は月100時間〝以下〟か〝未満〟か　安倍首相の危険な大岡裁き＊

残業時間の上限は繁忙期でも月100時間未満。「働き方改革」論議の一つの焦点だった問題に、こういう形で収まりがつきそうな成り行きになっている。

100時間「以下」なのか「未満」なのか。この点を巡る労使の攻防に関する限り、「未満」を主張した労組側が意を通した格好だ。だが、もともと連合は100時間を仕切り線にすること自体に強く反発していた。その意味では、そう胸を張れるわけでもない。経団連の100時間ラインを生かしつつ、「未満」での合意を促した安倍首相は、ちゃっかり大岡裁きを決め込んだ気分なのだろうか。

いずれにせよ何とも気分の悪い決着だ。長時間労働の許容限度はギリギリ過労死ラインに達しない範囲まで。残るは「未満」をどう解釈するかだ。人間の命に関わる問題が、こんなところに帰着してしまう。そのようなことで、偽物の大岡気取りを成り立たせてしまっていいのか。「未満」を辞書で引けば、「その数に達しないこと」とある。これを「その数に達しさえしなければいい」と読むのか。あるいは「決してその数に達してはいけない」と受け止めるか。「未満」に負けたが、100時間は勝ち取った経団連は、どっちの解釈で行くのか。「未満」を勝ち取ったが、100時間には負けた連合は、どのような構えで「未満」の意味を守り抜くのか。

そもそも、政府の「働き方改革」は何を目指しているのか。この点について、安倍首相が面白いことを言っている。いわく、「働き方改革こそが、労働生産性を改善するための最良の手段であると思います。働き方改革は、社会問題であるだけでなく、経済問題であります」（2016年9月27日第1回「働き方改革実現会議」での発言）

この言い方には二つの意味で引っ掛かる。第一に、社会問題と経済問題が別個に存在するような言い方だ。これはおかしい。人間の営みである経済活動には、おのずと社会性がある。第二に、結局のところ、労働生産性の改善というところに眼目を置いている。たとえ、労働生産性の改善という課題が満足されても、働き過ぎで人が死ぬ可能性を排除できないのであれば、それを「働き方改革」とは言わない。

気になるベーシックインカム☆

最近、どうも頭の中を去来して仕方がない言葉があります。それは、「ベーシックインカム」です。

「ベーシック」は基礎。「インカム」は所得。日本語では「基礎所得保障」などというネーミングが一般化しています。全ての人々に、その能力や資力などのいかんを問わず、定額の基礎的所得を国が保障する。そういうやり方です。要は、全ての国民に対して、政府が責任を持って、月々、一定金額の支払いを行うということです。

ベーシックインカム概念の大きな特徴は、上記の通り、人々の力量や特性を配慮の外におくところにあります。大金持ちであろうと、極貧者であろうと、高齢者であろうと、若者であろうと、関係ありません。誰に対してでも、一定額の所得を保障するのです。

実際には、既存の社会保障制度との併用構想などもありますが、基本は、万民均一型の所得保障です。

この発想の歴史は、ざっくり言って16世紀にさかのぼります。ここを出発点として、ベーシックインカムの発想は様々な発展・変形をたどりながら今日に至っています。

いずれにせよ、この概念の基本にあるのは、全ての人間に、まともに生き永らえる権利があるという考え方です。何人たりとも、この権利を剝奪《はくだつ》されてはならない。この地球に生を得ている以上、全ての人々は、地球が与えてくれる恩恵に浴する権利を有している。このような発想に立脚して、万民に基礎的所得を保障しよう。これが、ベーシックインカムのそれこそ最もベーシックな考え方です。

こうしてベーシックインカムのルーツを確認している限りにおいて、これぞまさしく、今日的な貧困と格差問題に対する特効薬であるように思えてきますよね。ですが、ここで少々気になることがあるのです。それは、いわゆる「小さな政府」や福祉の効率化というテーマとの関係で、ベーシックインカム政策の有効性を唱える人々がいるということです。

既存の社会保障制度は全部やめてしまえ。その代わり、全国一律のベーシックインカム政策を導入する。例えば、全ての日本国民に月間15万円を支払う。その代わり、既存の弱者救済政策は一切、停止する。

もしも、そんなことになったら、弱者のための公助の論理は消えてなくなってしまいます。月間15万円のベーシックインカムを、きちんと管理出来ない人もいるでしょう。全部無駄遣いしてしまう人もいるかもしれません。そのような自己管理能力のない人々こそ、実を言えば公助を必要としているはずです。

そのような人々の、体のいい厄介払い。そのような魂胆からベーシックインカムが議論されるようになると大変です。杞憂《きゆう》であって欲しい。そう祈ります。ですが、どうも気になるのです。

潜在成長率のパワーアップは必要ない☆

このところ、「潜在成長率」という言葉があちこちでチラホラ話題に上るようになっています。ＩＭＦ（国際通貨基金）などが、先進国諸国に潜在成長率を引き上げるよう要請したりしています。日本でも、問題は潜在成長力不足なのだという言い方が少しはやり始めています。そのうち、潜在成長率談議が大ブレークするかもしれません。しかしながら、本当に、そこが問題なのでしょうか。

潜在成長率というのは、ある国の経済がその潜在力をフルに発揮した時の成長率です。いわばフル稼働成長率ですね。

実現成長率が潜在成長率と一致するとは限りません。一致しない場合の方が圧倒的に多いと考えていいでしょう。実現成長率が潜在成長率を下回る経済は、実力を十分に発揮出来ていない経済です。低稼働状態にあるということです。実現成長率が潜在成長率を上回る経済は、稼働率が生産能力を超えてしまっている。背伸びのし過ぎですね。

このように、潜在成長率は、一国の経済がどのような稼働状況にあるかを診断するための評価基準として用いられる指標です。基本的に、その性格が強いのです。

それなのに、実現成長率を上げるために潜在成長率を引き上げなければいけない、と考えることには、注意を要します。無理やりに潜在成長率を引き上げようとすれば、どうしても、経済活動の構成要素に負荷が掛かることになってしまいます。

リオ・オリンピック（2016年8月）が近付いてきました。各国のコーチ陣は、選手たちの潜在力と実現パフォーマンスの関係に、さぞや、気を配っていることでしょう。潜在力をいかんなく発揮してもらうためには、どうするか。それを必死で考えているに違いありません。

それは結構なことです。ですが、そこを通り越して、アスリートたちの潜在力そのものを、オリンピックまでに引き上げることを考え始めると、少々、雲行きが怪しげになってきますよね。そうなると、ドーピングという毒の甘い香りに迷うことになりかねない。潜在力の短期速成的パワーアップを指向すると、その道は薬物投与の世界に通じる。怖いことです。

潜在成長率の大きな規定要因が人口です。人口が伸びなくなれば、潜在成長率は低下して当たり前です。それが嫌なら、産めよ増やせよと、人々を鼓舞することになります。さもなくば、1人当たりの生産性を引き上げる方法を必死で探すことになるわけです。

いずれにしても、自然体とは異なる方向に人々を引っ張っていくことになってしまいます。潜在成長率は、やっぱり、自然体が一番だと思います。

数字が語る恐るべき現実☆

かたや268・3兆円。かたや245・7兆円。これらは何に関する数字だと思われますか？日本のGDPつまり国内総生産が、直近の2014年度で489・6兆円でした。上記の数字は、いずれもこのGDP規模の5割を超えている。つまり、相当に大きな数値です。さて、これは一体何でしょう。

実を言えば、これらの数字は、金融機関の日本国債保有残高なのです。15年9月末時点の数字です。前者が日本銀行の保有分、後者が民間金融機関の分です。日銀に関する数字は、国債発行残高全体の3割を占めるに至っています。これは、中央銀行の自国国債保有比率としては、突出して高い割合です。ちなみに、アメリカのFRB（連邦準備制度理事会）のアメリカ国債保有比率は全体の2割弱にとどまっています。

注目点はまだあります。ご覧の通り、日銀の国債保有残高は、民間金融機関の数値を上回っていますね。つまり、いまや、日本国債に関する最大の保有者は日銀なのです。しかも、現在、日銀が展開している「量的・質的金融緩和」政策の下では、日銀の長期国債保有残高を年間80兆円ずつ増やしていくことが目標になっています。このペースが続けば、日銀の国債保有残高はあっという間にGDPの規模を超えてしまうことになるでしょう。

日本経済の規模を上回るスケールで、日本銀行が日本国債を保有する。そして、最大の国債保有者としての位置付けを、ますます確立していくことになる。どうみても、これは異様な姿ですよね。日本国の財政は、明らかに既に破綻《はたん》状態にあるのです。そのことを、これほど明確に示してくれるデータはないでしょう。

日銀が助け舟を出してくれていなければ、日本国政府は、とっくに溺死《できし》しているところです。しかも、この助け舟の大きさが並大抵のものではありません。舟という感じではないですよね。どちらかと言えば、大型艦船という方がイメージがぴったりきます。

もしも、日銀がお助け艦船大作戦をやめてしまったら、どうなるでしょうか。答えは、言うまでもありません。国債相場は大暴落します。日本の財政は、たちどころに行き詰まることになります。

そうなっては大変です。ですから、結局のところ、日銀は「量的・質的金融緩和」を決してやめるわけにはいきません。黒田東彦総裁は、自ら掲げた2%の物価上昇目標が、永遠に達成されないことを祈るしかありません。目標達成の可能性が遠のけば遠のくほど、ほっと胸をなでおろしているのでしょうか。こんなに変な話もありませんよね。しかしながら、これが今の実態です。何とも怖い話です。

物価にみる青汁とアイロンの関係☆

日本銀行が、2％の物価上昇目標を掲げていますよね。具体的には、消費者物価指数の前年比上昇率を2％に持っていこうとしているのです。目標達成のタイミングは、「2016年の前半ごろ」となっています。当初は15年中の達成を目標にしていました。ところが、状況はなかなか彼らの思惑通りに動いていません。そこで、目標の後ろ倒し化を余儀なくされているのです。

この新しい目標時期との関係で、ひょっとすると攪乱《かくらん》要因になりそうな話題があるのです。それは、折しも、16年7月に向けて、消費者物価指数の集計方法が改定されるということです。この改定が実施されれば、消費者物価指数を構成する品目の顔触れや比重が変わることになります。

この改定は、5年ごとに実施されます。人々の消費構造の変化を、物価指数に的確に反映させる。それが、この改定作業の狙いです。今回の改定では、例えば、青汁が新項目として組み込まれ、家のリフォーム関連費は比重が上がります。一方で、アイロンは指数構成項目から外されて、私立大学の授業料は比重が下がるということになる予定です。

アイロンが青汁に追い出されるというのは、実に世相を反映していると言えるでしょうね。皆さんの中にも、アイロンは持っていないという方が多いかと思います。筆者も、「不燃ゴミ」に出してしまいました。青汁は飲んでませんが……。

家のリフォームが、大学の授業料より幅を利かせるというのは、少子高齢化のなせる業ですよね。こうしてみれば、消費者物価指数の基準改定という作業の中にも、人間の営みとしての経済活動の姿が滲み出るのです。

それはそれで、なかなか面白いですよね。ただ、今回の基準改定については、それが日銀の物価目標達成に対して、凶と出るか吉と出るかという点が、大いに注目どころです。

改定で指数入りとなったり、比重上昇となった項目の値上がり幅が大きければ、物価が全体として上がりやすくなるので、日銀にとって有利に働くことになります。逆なら、逆の結果となるわけです。この辺りがどうなりそうかで、２％上昇達成宣言のタイミングも、変更されるかもしれません。

ことほどさように、物価変動が話題になる時は、その中身が肝心です。どの品目のどんな動きが、全体に効いているのか。そこをしっかりチェックしましょう。

「悪魔は詳細の中に潜む」。英米の格言です。契約書は細かいところまでよく読め、という忠告です。これは、「真相は詳細の中にある」と読み替えてもいいでしょう。というわけで、物価の真相もまた、詳細の中にあるのです。

国際経済編

「破グローバル化」に打ち勝つのはきっと「魂」＊

〝deglobalization〟。このところ、突如としてこの言葉が飛び交い始めている。さて、これを日本語でどう表現するか。〝denuclearization〟を「非核化」と訳すことになぞらえれば、「非グローバル化」ということになる。だが、どうも、これではしっくり来ない。

この場合の〝de〟は、どうも「非」では物足りない。瓦解とか崩壊、解体ないし解散のイメージだ。グローバルであったものがそうではなくなるだけのことならば、グローバル化する前の状況に戻るわけである。〝Deglobal〟化するとはそういうことなのか。

「グローバル」という言い方が定着する以前において、我々はどういう表現を用いていたか。それは「国際」である。「国際経済」とか、「国際関係」とか、「国際化」という言い方で、国境を越えたヒト・モノ・カネの行き来について語っていた。Deglobal化すると、我々はまたあの「国際」の世界に帰還するのか。そうではないだろう。なぜなら、deglobalizationの流れをつくりだそうとしている、あるいは無意識的にせよ加担している人々が指向しているのは、国境の内側に閉じこもることだからである。国境の外側によそ者を締め出すことだからだ。そうなれば、「国際」

の時代さえ通り越して、時代を逆走することになる。「非グローバル化」でなければ、「不グローバル化」だろうか。これもちょっと違いそうである。

「ヒ」でなくて「フ」でもない。となれば、残るは「ハ」しかない。「破グローバル化」。おお、これはなかなか雰囲気がある。破壊の破。破滅の破。ビリビリ破るの破。国境を越えた人々の関係が破りさられていく。切り刻まれていく。

「破グローバル化」すると、喜ぶのは誰か。それは「国粋主義でいかなきゃ」「やられたらやりかえさなきゃ」「やられる前にやっつけなきゃ」とささやく偽預言者どもだ。彼らに、神の言葉は託されていない。彼らのささやきは悪魔のささやきだ。「破」に打ち勝てるのは何だろう。それはきっと「魂《こん》」だろう。魂のこもったグローバル時代。それを確立しないと、無魂の破壊主義が地球を覆う。

リーマン・ショックの陰に「メイド・イン・ジャパン」＊

リーマン・ショックから10年である。あの2008年9月15日、倒産したリーマン社から、私物を段ボールに詰めた昨日までの社員たちが、次から次へと立ち去って行った。

金融デリバティブ（金融派生商品）という名の実に21世紀的な資産を巡って、実に古典的な恐慌が起こった。なぜか。グローバルな金融資本市場の雲行きが再び何やら怪しげな今、改めて「あの時」を振り返ってみたい。

ここで思い出すのが、あの「風が吹けば桶屋が儲かる」の教えだ。リーマン・ショックが「桶屋が儲かる」という結果に対応するとすれば、「風が吹けば」に対応する原因は何だったのか。筆者は、それを「ジャパンマネーが吹きこぼれれば」だと見る。

リーマン・ショックに至る過程では、日本が他の国々に先駆けてゼロ金利政策を導入した。さらには、量的緩和というもう一つの金融未体験ゾーンにも踏み込んだ。目指すところは、大々的なカネ余り状態を作り出すことだった。その余りガネが国内に出回れば、経済が活性化する。だから、デフレから脱却できる。これを狙ってのカネ余り大作戦であった。

だが、その政策意図に反して、日銀が連綿と繰り出す余剰資金は、国内に出回らなかった。低収益を嫌って、日本の外に出稼ぎに行ってしまった。その受け皿となったのが、リーマン社など米投資銀行が手掛けるデリバティブ商品だったのである。

デリバティブとは、金融資産のごった煮だ。優良資産も不良資産もごちゃまぜにして、新たな金融資産を「派生」させる。要は闇鍋だ。上手くいけば一攫千金《いっかくせんきん》。下手をすれば毒にあたる。

この闇鍋商法も、日本から溢れ出る余りガネの洪水無かりせば、あそこまで狂乱することはなかっただろう。

さらにさかのぼろう。そもそも、日本が余りガネ大作戦に打って出たのは、バブル崩壊後のデフレ退治のためだ。そしてバブルがなぜ発生したかと言えば、日本がプラザ合意後の円高不況対策で金融大緩和に踏み切ったからである。かくして、どこまで行っても、リーマン・ショックをもたらした「風が吹けば」の部分はメイド・イン・ジャパンなのである。

我々が心配すべきは「羊飼い」たちの沈黙なのでは＊

「羊たちの沈黙」（ジョナサン・デミ監督、１９９１年公開）という映画をご記憶の読者は多いだろう。殺人鬼が殺人鬼の逮捕に力を貸す。力を貸す方の殺人鬼が、精神科医のハンニバル・レクター。彼の力を借りて犯人捕縛に奏功するのが、ＦＢＩ捜査官の卵、クラリス・スターリングだ。レクター博士をアンソニー・ホプキンス、スターリングをジョディ・フォスターが演じた。二人とも、この作品でアカデミー賞を受賞している。

沈黙するのは、屠殺場に向かう羊たちだ。聖書の中の「生贄の子羊《いけにえ》」のイメージも、作者の中ではどこかで二重写しになっているのかもしれない。だとすれば、ちょっとおかしいと思うが、それはさておき、殺される命運を前にしての羊たちの沈黙は、あきらめの表れか。あまりにも重い不幸に見舞われた時の無気力か。その姿は哀れだ。

今、グローバル社会のあちこちで、羊たちに沈黙を強いようとする力がうごめいている。国境を越えた絆を断ち切り、国家主義の城壁の中へと人々をおびき寄せる雄たけびや甘言が聞こえてくる。国粋主義者たちは決して沈黙しない。彼らは騒々しくて、口数が多い。

ただ、最も憂慮すべきは、羊たちの沈黙でも、自国第一主義者たちの喧騒でもないかもしれない。今、我々が最も心配すべきことは、実は「羊飼い」たちの沈黙なのではないか。第二次世界大戦が終焉した時、国々は、超国家的な羊飼い役をいくつかの機関に委ねた。それらが国連であり、国際通貨基金であり、今日の世界貿易機関であるはずだ。

羊たちに任せておくと、すぐケンカになる。ケンカに備えて、仲間づくりや子分づくりの競い合いが絶えない。そうこうするうちに戦争になる。羊たちがお互いを屠殺場へと追い込んでいく。この悲惨にして浅はかな顚末を二度と繰り返すまい。この決意が羊飼い諸機関の設置につながった。

ところが今、それらの羊飼い機関はひどく沈黙している。その中で、羊たちは下手をすれば狼どもに付いて行きそうになっている。アメリカという名の狼。中国という名の狼。ロシアという名の狼。沈黙せよ、狼ども。声を上げよ、羊飼いの群れ。迷うな、羊たち。

日本の安倍政権とEU幹部たちがやっていることは、形を変えた報復合戦だ＊

日本と欧州連合（EU）が経済連携協定（EPA）に署名した。トランプ米大統領が、貿易相手国に対して手当たり次第に通商戦争を仕掛ける中、この日欧協定を自由貿易の旗手扱いする報道が多い。当事者たちは、むろん、そのイメージを精いっぱい盛り上げようとしている。

だが、端的に言ってこれは笑止千万だ。日本の安倍政権とEU幹部たちがやっていることは、結局のところ、形を変えた報復合戦だ。米国が強硬策に出るなら、日欧は結託することで勢力を強める。さながら戦国大名たちの合従連衡《がっしょうれんこう》のごとしだ。

1930年代において、米国は自国市場の周りに事実上輸入禁止的な高関税障壁を張り巡らせた。一方で欧州には、イギリスのポンド・ブロックやフランスの金ブロック、そしてドイツのナチス経済圏が生まれた。アジア地域では日本が円ブロックすなわち大東亜共栄圏づくりを目指した。

そして今、米国は、自国市場は自分のものだというので、高関税政策を発動しまくっている。他の国々は、米国抜きの地域限定・相手特定通商圏づくりをもって対抗しようとしている。一体、どこが30年代と違うというのか。本当に自由貿易の旗手たらんとするなら、やるべきことは一つしかない。世界貿易機関（ＷＴＯ）の復権に向けて、全力を傾けることである。この行動に、限りなく多くの国々を巻き込んでいく。この一点に注力することだ。

ＷＴＯの通商理念は「自由・無差別・互恵」である。相手を特定せず、地域を限定せず、分け隔てなく、国々が全方位的に市場を開放し合う。そのことによって、お互いに恩恵を施し合う。この通商理念とその実現への決意を共有することで、恒久平和の経済基盤づくりを揺るぎなきものとする。この基本合意が、今日のＷＴＯの立脚点となっている。そのことを、今こそ、みんなで思い起こそう。そう高らかに宣言し、呼びかけてこそ、真の自由貿易の旗手である。

ここで米国がＷＴＯ主義に戻ろうと言い出せば、実に面白い。その可能性はまずないが、入れ知恵に弱そうなトランプ氏のことだ。何とかなるかもしれない。持続性には問題があるが。

21世紀の「わがままな大男」への提案 ☆

米中貿易戦争の本格到来。この雰囲気が濃厚になってきましたね。果てしなき泥仕合は一体どこまで行ってしまうのでしょう。

ところで、皆さんは「わがままな大男」のお話をご存じですか？　文学世界の大鬼才、アイルランド生まれのオスカー・ワイルドが書いた童話です。

わがままな大男は、広くてとても美しいお庭に囲まれた大きなお家に住んでいます。素敵なお庭は、近所の子供たちにとって理想の遊び場。大男がお留守の間、みんな嬉々としてこのお庭に大集合していました。

そこに帰宅した大男は大激怒、「侵入者は厳罰に処す」という看板を立ててしまいます。僕の庭は僕のもの。僕だけのもの。僕のお庭では僕しか遊べない。誰ともシェアなんかするものか。そんなの当たり前じゃないか。わがままな大男には、そうとしか考えられないのです。

ところが、こうして子供たちを締め出してしまった結果、大男のお庭に大異変が発生しました。春が来なくなってしまったのです。塀の外は春爛漫。でも、大男のお庭では極寒の冬が続きます。いつまで経っても真冬です。雪と霜が大喜びではしゃぎまくり、北風さんや霰さんをご招待してしまいます。おかげで、大男のお家は煙突は折れるわ、屋根瓦は全部剥げ落ちるわ。悲惨な状態に陥ってしまいます。

大男がすっかり落ち込んでいると、ある日、突然、お庭に春の気配が訪れます。どうしたのかと窓の外を見てみれば、何と、子供たちが塀の小さな穴から忍び込んで、お庭の木に登って遊んでいるのでした。鳥たちも、子供たちに「お帰りなさい」の歌をさえずり、大喜びで飛び交っています。大男も歓喜して、お庭の景色に見とれます。そして、ちょっとびっくりします。なぜなら、広いお庭の一つの片隅だけが、まだ冬なのです。

どうしたことかとよく見てみれば、そこに生えている木の下で、小さな小さな男の子が泣いています。小さすぎて、木に登ることが出来ないのです。すっかり反省モードになった大男は、そっとお庭に出ていって、その小さな小さな男の子を抱き上げて、木の上の高い枝に座らせてあげます。すると、大男の出現で逃げてしまったほかの子たちも戻ってきます。そして、お庭中が春真っ盛りとなるのです。

反省モードに入ったところで、大男はお庭の周りの塀を撤去することにしました。全面開放型のお庭にしたのです。これで、二度と再び、万年冬状態に陥る心配はなくなりました。

大男が抱き上げた小さな小さな男の子は、実はイエス・キリストの仮の姿でした。そして、最終的には、すっかり心を入れ替えてわがままではなくなった大男を天国に連れて行ってくれるのです。

21世紀版のわがままな大男さんも、たまにはオスカー・ワイルドを読んでみるといいと思います。夏休みの課題図書にするといいでしょう。

2人の浦島太郎さんはグローバル時代がわかっていない＊

ああ、この人は浦島太郎なんだ。2012年末に第2次安倍政権が発足した時、そう思った。円安にして、輸出主導型成長を取り戻そう。そんな時代錯誤な意気込みを前面に打ち出していたからだ。

そして今、目の前にもう一人の浦島太郎さんがいる。アメリカのトランプ大統領だ。この人の時代錯誤のおかげで、懐かしい言葉の数々がメディアを賑わすようになっている。通商法301条、スーパー301条、不公正貿易慣行、輸出自主規制……。1970年代後半から80年代あたりまでの時期、これらの用語が実に頻繁に新聞紙面に登場した。

あの時代の当初、筆者はシンクタンクの駆け出し研究員だった。というよりは、研究員ではない研究員だった。何しろ、「女子は研究職では採用しません」という言い方が「堂々と」通用する時代だったから。思えば、あれもまた、もう一つの時代錯誤だったと言えるだろう。今でも、実質的な男女差別で、隠れ時代錯誤をやっている企業たちが存在するかもしれない。

それはともかく、2人の浦島太郎さんはグローバル時代がわかっていない。グローバル時代は誰も一人では生きていけない。誰もが誰かの生産力や創造性に依存して経済活動を営んでいる。

アメリカの貿易赤字は、アメリカの経済活動が生み出している。日本の輸出が増えれば、輸出品に投入される輸入部材が増えるから、輸入も増える。輸入できなければ、輸出もできない。

報復合戦で威勢よく牙をむいている中国も、浦島太郎病にはご用心である。中国は、知的財産権侵害で日欧米の強い非難の対象になっている。非難が正当なものなのだとすれば、中国にも時代錯誤性がある。誰も一人では生きていけないグローバル時代において、知的財産は奪ったり盗んだりする対象ではない。分かち合い、学び合い、共有財産としてみんなで大切にしていくべきものだ。

浦島太郎さんたちにつける薬は何か。答えは明らかだ。一つしかない。それは、玉手箱を開けることである。竜宮城から、後生大事に持ち帰った箱を開けた時、彼らは初めて自分たちの時代錯誤性に気がつく。一、二の三で、ハイどうぞ！

日米首脳には無縁だろうが、たまには命を懸けた攻防が見たい＊

トランプ米大統領が来日（2017年11月5日〜7日）した。結局何をしに来たのだろう。他にお友達がいない者同士の支え合い。そういうことだろう。だからこそ、接待ゴルフもあそこまでリラックスした感じになったわけだ。国難突破とか言っていなかったか？

とことん締まりのない首脳会談を見ていて、全く対照的に緊迫感みなぎる歴史的対決の場に思いが及んだ。戦後の国際通貨秩序を巡る米英攻防の場である。ここで「バンコール」が登場する。バンコールは英国が提案した世界共通通貨だ。国々の合意に基づいて新たな決済通貨を創造しよう。それが英国案だった。考案者は、かのJ・M・ケインズ大先生だった。片や、米国はユニタスなる新通貨を提案。ただ、ユニタスは実質的には米ドルでその価値を裏打ちされることになっていた。名前だけ変えたドルである。提案者は米国の財務官僚、H・D・ホワイトだ。

ケインズ先生としては、戦後の国際通貨体制がドルを軸とするものになることは、何としても回避したかった。そうなれば、大英帝国を要とする「パックス・ブリタニカ」の時代は名実ともに終焉する。英国人たちが「若き従弟《いとこ》たち」と呼んで、後輩扱いしてきた米国に通貨の王様の座を奪われる。

世界中が英国ポンドを決済に使う時代は、戦後において、もはや再現できない。それはケインズ先生もよく承知していた。だが、それは叶わずとも、せめてドルの君臨が体制化することは避けたかったのである。

この攻防は、結局のところホワイトの勝利に終わった。そして戦後のＩＭＦ（国際通貨基金）体制が生まれた。

この米英対決は、文字通り決死の勝負だった。なぜなら、両雄激突の最中に、ケインズは軽い心臓発作を起こした。そして、１９４６年には大発作を起こして亡くなった。その後を追うように、ホワイトも48年に同じ心臓発作で落命した。ＩＭＦがその業務を本格開始した翌年である。

全く文字通りの命を懸けた攻防。たまにはこういうのを見せてほしい。むろん、あの二人とは無縁の世界だ。何が国難だ。

資本に価値吸い取られる〝21世紀の労働〟を救え＊

『21世紀の資本』。皆さんはこの書名をご記憶だろう。フランスの経済学者、トマ・ピケティの著作だ。２０１４年から15年にかけて、世界中で大ベストセラーとなった。日本でも、14年末に訳本が出るや、たちまちベストセラーにランクインした。

筆者は、この本の姉妹編のタイトルを思いついてしまった。「21世紀の労働」である。『21世紀の資本』は、膨大な歴史的データを踏まえつつ、21世紀における資本の運動原理を解明しようとしている。21世紀の資本は、国境を越える。その越境的凶暴性をどう封じ込めるか。そこがピケティ本の焦点だ。

これに対して、「21世紀の労働」は越境するカネに翻弄されるヒトの姿に注目したい。なぜなら、今日、労働を巡る状況がそれこそグローバルな広がりをもっておかしくなっているからだ。

多くの先進諸国で、失業率が低下している。日本では、盛んに人手不足問題が取り沙汰されるような状況だ。ところがそうした中で、賃金は上がらない。賃金上昇なき雇用拡大。この怪奇現象が、あちこちで論者たちを悩ませている。日本でも、アメリカでも、イギリスでも。

労働市場は、総じて売り手市場化しつつある。売り手市場なら、売り手側がハッピーになるはずだ。だが、労働者という名の売り手たちは、多くの場合においてハッピーじゃない。ハッピーじゃないどころか、過労死で命を失ったりしている。幸福感なき雇用拡大だ。

21世紀の労働は、なぜ、その価値が上がらないのか。なぜ、幸せになることができないのか。このように列記してみれば、二つの問題の因果関係は明らかだ。価値が上がらないから幸せになれない。そういうことになる。

21世紀の労働は、なぜその価値が上がらないのか。それは、21世紀の資本が、本来は21世紀の労働に帰属すべき価値を吸い取ってしまうからなのだと思う。21世紀型搾取の構図だ。

この21世紀型搾取の構図の中に、近頃流行りの「シェアリング・エコノミー」や「柔軟で多様な働き方」や「高度プロフェッショナル制度」などが、不気味なだまし絵のようにはめ込まれている。そのように見えてきた。21世紀の労働が、危うい。

似て大いに非なる「互恵」と「相互」*

2017年5月26、27日に、G7サミットがイタリアで開催された。その首脳宣言に関する新聞記事の中に、次のぎょっとする文言を発見した。「『互恵的（reciprocal）な貿易が重要だ』。サミットでトランプ氏が繰り返したのは『互恵的』」（同年5月29日付日本経済新聞朝刊）。

これは違う。reciprocal（レシプローカル）は「相互的」を指す言葉だ。確かに、辞書には「互恵」も載ってはいる。だが、通商関係に臨む姿勢としては、reciprocityが意味するところは相互主義と解釈すべきだ。

相互と互恵は大いに違う。相互主義は、交渉事において「絶対に相手より損をしない」という姿勢をいう。その限りでは、右記の新聞記事でトランプ氏が「『米国が低関税ならあなた方も引き下げるべきだ。あなた方が30％の関税を課すなら、米国も30％に引き上げる』と主張」と書いているのは納得だ。これぞ、相互主義だ。「目には目を。歯には歯を」の原則なのである。

これと互恵の精神とは大違いだ。互恵主義は、皆で恩恵を分かち合うことを目指す。だが、戦前の国々は、もっぱら二国間相互主義で通商関係を形成していた。このやり方は、弱い者や小さい者にとって明らかに不利だ。先進大国が10％関税を下げるのと、発展途上小国が10％関税を引き下げるのとでは、衝撃がまるで違う。形式的相互主義は、実態的不公正を招きかねない。しかも、二国間で相互をやると、やっぱり大きくて強い国の方がゴリ押しを通しやすい。

このやり方で、戦間期の列強諸国が排他的通商ブロックを構築していった。この道に二度と再び踏み込まないために、戦後の国際通商秩序は互恵を原則とすることになった。そして、今日的な国際通商秩序の番人であるＷＴＯ（世界貿易機関）は、二国間主義ではなく、多国間主義をその基本的枠組みとしている。

今回の首脳宣言の原文を確認した。その中には、互恵を意味するmutually beneficialと相互を意味するreciprocalの両方が登場する。外務省による邦訳を見ても、mutually beneficial　を「互恵的」と訳し、reciprocalを「相互的」と訳している。互恵と相互を混同することは、実に危険だ。その道は、戦間期の通商戦争の世界に通じる。

「働き方改革」にみるアシモフとマルクスの先見＊

「かつてあったことは、これからもあり、かつて起こったことは、これからも起こる。太陽の下、新しいものは何ひとつない」。旧約聖書の一節だ（「コヘレトの言葉」1.9）。

二つの今日的テーマとの関わりで、上のくだりが頭に浮かんだ。テーマその1がロボットだ。テーマその2が「働き方改革」である。

ロボットが何かと注目される。イギリスのＥＵ離脱問題との関わりでも、ロボットが話題になっている。ＥＵを離脱すれば、大陸欧州からイギリスに人が入りにくくなる。そうなれば、人手不足が発生する。それを補うために、有能なロボットの開発を急がなければならない。

こんな焦りを最も高めているのが、どうも農家らしい。東欧から季節労働者がやって来てくれなくなると、収穫に重大な支障が生じる。かくなる上は、助っ人ロボットさんたちをしっかり確保しなければ大変なことになる。そういう話になっている。

何とも面妖な話だ。移民流入は、イギリス人から職を奪う。だから、嫌がられていたはずである。ところが、その実、移民労働者がいなくなっても、その穴埋めをするイギリス人はいないらしい。だから、ロボットさんの出番となる。洒落にもならない。

仕事を巡る人とロボットの対峙関係。これぞ、最も今日的なテーマかと思いきや、コヘレトの言葉にある通り、「新しいものは何ひとつない」。人間対ロボットの緊張関係は、かのＳＦの大巨人、アイザック・アシモフが実に深淵な洞察力をもって小説化している。彼の一連の「ロボットもの」が世に出たのは１９５０年代のことである。

「働き方改革」騒動は、さながら、かの経済学の大巨人、カール・マルクスの『資本論』の一節を読むがごとしだ。『資本論』の第1巻第10章には、労働法改革の名の下、資本家たちがいかに手練手管を弄して長時間労働と過酷な職場環境を「守り抜こう」としたかが活写されている。彼らは「多様な働き方」を盛んに推奨し、人々から新たに労働生産性を搾りだそうとした。「かつてあったこと」が今また起ころうとしている。そのことが、また同じ過ちを繰り返すことにつながらないといい。

タイプ別にみた妖怪図鑑☆

皆さんは、次の面々をどう思われますか？　ドナルド・トランプ米大統領。フランスの国民戦線のマリーヌ・ルペン党首。オランダの自由党を率いるヘルト・ウィルダース党首。ドイツの極右政党、「ドイツのための選択肢」のフラウケ・ペトリ党首。フィリピンのロドリゴ・ドゥテルテ大統領。ロシアのウラジーミル・プーチン大統領。中国の習近平国家主席。そして日本の安倍晋三首相。

こうして並べてみると、まるで、グローバル時代の妖怪図鑑みたいですね。今は、妖怪万華《まんげ》鏡《きょう》時代。そんな風に思えてきます。妖怪万華鏡は、それを一振りするたびに、妖怪の数が増えてゆく。それぞれの妖怪の舞いが怪しさを増す。怖いことです。

これらの妖怪たちに共通する特性は、何でしょう。

それは国粋主義です。いずれも、強い国家への執着が物凄い。その意味では、そっくりさんたちです。ですが、違いもあります。妖怪たちの間に存在する違いを見極める。これも、とても重要な作業だと思います。

国粋主義妖怪たちは、ざっくり言って二つのグループに分けることが出来ると思います。その仕分け基準は、内向きか外向きかということです。言い換えれば、引きこもり型なのか、出たがり屋型なのかです。

引きこもり型の筆頭に挙げるべきなのが、トランプ米大統領でしょう。彼は「アメリカファースト」を掲げていますよね。この人の視線は、あくまでも内向きです。アメリカは、もはや、世界に出ていかない。世界の面倒なんか見ない。世界からも、アメリカにあまり入ってくるな。これが、トランプさんの基本姿勢です。とっても内向きですよね。アメリカという殻の中に、徹底的に引きこもろうとしています。

実は、多くの妖怪たちが引きこもり型だと言えるでしょう。自国の周りに壁を張り巡らす。要塞をつくって、その中に立てこもる。よそ者は排除する。マリーヌ・ルペンを始めとするヨーロッパの妖怪たちも、やっぱり、このタイプです。フィリピンのドゥテルテさんも、この仲間に入れていいでしょう。

それに対して、出たがり屋型が、安倍・習・プーチンの妖怪トリオだと思います。

彼らからは、勢力拡大を志向する鼻息の荒さがむんむんと伝わってきます。大日本帝国、中華帝国、ロシア帝国。外に向かって、勢力圏を拡張していきたい。この願望が、この妖怪トリオを駆り立てている。そのように見えます。こっちの方が、引きこもり型のグループよりも、明らかにタチが悪いと思います。

社会保障は人権の本丸☆

イギリスで、社会保障制度改革が保守党政権内でのもめ事の焦点になっています。2016年3月、ジョージ・オズボーン財務相が、新年度予算編成の一環として、低所得就労者向けの給付金や障害者向け公的扶助の削減を打ち出しました。一方で、年金の給付水準は据え置く方針です。さらには、法人減税も実施するとしています。

このやり方に対して、雇用・年金担当相のイアン・ダンカン・スミス氏が激怒し、辞表を提出しています。ダンカン・スミス氏は、かつて保守党党首を務めたこともあります。つまりは、党の重鎮です。そのため、この辞任劇は、どうも、次期党首選挙を目指しての政治的駆け引きではないか、と観測されたりしています。

それはそれとして、筆者には、このような形で一国の社会保障制度というものが小突き回されることが、何とも気に食わないのです。

日本でも、とかく「社会保障は財政再建の本丸だ」というようなことが言われますよね。要は、社会保障改革に切り込まない限り、本格的な歳出削減は望めない、という趣旨です。確かに、その通りではあります。特に、年金・医療・介護に関わる社会保険制度は、間違いなく巨大な財政負担をもたらしています。この問題に、真剣に向き合う姿勢は確かに必要です。

ですが、それにしても、社会福祉がひたすら「財政再建の本丸」という形でしか話題にならないのは、何とも情けないと思うのです。

これでは、まるで社会福祉が敵城攻落のための要のように見えてきてしまうではありませんか。社会福祉は、敵城の本丸ではありません。社会福祉は、人々の生存権を守るためのお城の本丸です。まともに人間らしく生きる権利、すなわち生存権は、基本的人権のまさしく要に位置しています。そして、生存権を支える仕組みが社会保障制度です。

１９４８年の第3回国際連合総会で採択された世界人権宣言の中においても、社会保障を受ける権利は基本的人権の一つとして明記されているのです。

このような位置付けを与えられている社会保障制度について、財政上の「本丸崩し」の観点からしか議論が展開しないのは、やっぱり、おかしいでしょう。政争の具としてもてあそばれるのは、もってのほかだと思うのです。

社会保障制度が、より良く基本的人権の礎たるためには、どのような改革が必要なのか。たまには、そのような観点からの議論を聞きたいものです。

どっちがナンバーワン？　日本と中国☆

皆さんは『ジャパン・アズ・ナンバー・ワン』という題の本のことを覚えておいででしょうか。エズラ・ボーゲルというアメリカの学者が書いて世界中で大いに注目された本です。１９７９年に刊行されました。

以降、80年代を通じて各種様々な「ジャパン本」が続々と出版されて行きました。礼賛論あり、脅威論あり。日本は強い。強いだけでなく、とてもリッチにもなりつつある。怖いような、うらやましいような。あこがれちゃうような、くやしいような。そんな複雑な思いに駆られつつ、世界が日本に注目していたのです。

この感じ、今の世界が誰かに対して抱いている感じに良く似ていませんか？　そう、今や、世界の書店は「チャイナ本」であふれかえっています。実際に「チャイナ・アズ・ナンバー・ワン」というタイトルの本も既に出ています。

このところ、日本のＧＤＰ（国内総生産）が中国に抜かれたとか、投資額にしろ、ハイテク産業の競争力にしろ、何かにつけて日本が中国に後れを取るようになったという話題が多いですね。欧米メディアでもそれなりに取り上げていますし、何か、それでパニックしたり落ち込んだりしなければいけないような雰囲気が漂う今日このごろです。

パニックする気持ちも分かりますが、考え方によっては、これはそれなりに感動的な場面でもあります。要は、それだけ日本が大人になったということです。少し前までの日本は、世界の先進国にとって「追い上げて来る日本」だった。その勢いをみてすごいなぁと思う半面、やっぱり新参者扱いしたくなる感覚がそこにつきまとう。そのような感覚でみられて来た日本が、いまや、その同じ感覚で中国をみるようになっている。それだけベテランになり、古参の地位に昇格したということです。

「ジャパン・アズ・ナンバー・ワン」時代に欧米諸国が日本をみていた目。それと同じ目で、今、日本が中国をみようとしている。それが歴史というものですが、それにしても、これだけでは、いささか学習効果がなくて知恵不足だとも思います。

どう考えても、経済の規模や成長速度の点で日本が中国に追い抜かれるのは当然です。中国は超育ち盛りの経済です。日本は超成熟経済です。そんな日本が、いわば老骨にむち打って若き中国と力こぶの大きさを競いあっても意味がないでしょう。力こぶは若者に任せて、成熟国家は知性と見識で勝負すればいい。

そもそも、「勝負する」という言い方がよくありませんね。大人の日本は、若き中国に対して良き相談相手になってあげられればいいと思います。今さら聞けない。誰にも聞けない。そんなことを日本にならなら中国は聞ける。そんな関係が両者の間に形成されて行けばいいと思います。

そこで問題になるのが、どこまで日本が古参の風格を身につけることが出来るかです。行く先々で中国に後れを取る。ついでに韓国にも後塵《こうじん》を拝する。こうした現状に関する産業・企業の危機感を、軽視するつもりは決してありません。その同じ思いを「ジャパン・アズ・ナンバー・ワン」時代に抱いたアメリカやヨーロッパも、ですが、日本の勢いにのまれて消滅したわけではありません。成熟した賢者としての位置づけをどう構築していくか。ゆとりある大人として、パワー炸裂《さくれつ》の若者とどう二人三脚を組んでいくか。そこがポイントなのではないでしょうか。

日本と中国の二人三脚は、さながらドン・キホーテとスーパーマンが手を組んだ関係でしょう。知力と筋力の絶妙コンビです。中国に知力がないとか、日本に筋力が全くなくなっていると言いたいわけではありません。年の功と若さの勢いのイメージです。不可能を可能に出来る組み合わせの感じがしませんか?

三章

まともな民主主義を取り戻せ

選挙で選ばれた者たちの役割☆

統一地方選挙の前半戦（2019年4月7日投票）が終わりましたね。いつも通り、悲喜こもごもの勝敗模様が伝えられ、映像として映し出されました。その中で、とても気になる発言が耳に留まりました。

テレビの前を通りすがりに小耳に挟んだという感じでしたので、具体的にどこの地域のどういう選挙結果だったのかは分かりません。それはさておき、めでたく勝ち抜いた候補者が勝利宣言をしていました。若い男性です。勝利宣言の趣旨は次のようなものでした。

「この選挙では、自分たちのリーダーは自分たちで選ぶ、ということを皆さんが示されました。その意味で、この勝利は有権者の皆さんの勝利でもあると言えると思います」

この言い方、皆さんはどう思われますか。とても変だと筆者は思います。「自分たちのリーダーは自分たちで選ぶ」というくだりが実におかしい。なぜなら、こういう言い方をするということは、この人が自分を「皆さんのリーダー」だと思っていることを示しているからです。

市議会議員であれ、市長であれ、知事であれ、地方選によって選出される人々は、彼らを選出する人々の「リーダー」などではありません。彼らは有権者の代表ではあります。ですが、それは、あくまでも有権者が彼らにその任務を与えるからです。彼らは公僕です。つまりは、「しもべ」です。有権者の家来だと言ってもいいでしょう。そして、これは国会議員でも、総理大臣でも同じことです。

有権者が選挙を通じて選ぶのは「リーダー」ではありません。指導者ではないのです。民主主義体制における指導者は我々です。選挙を通じて、指導者である我々は政治家たちに使命を託します。役割を与えるのです。我々のために公的業務を行うサービス事業者として、しっかり働き、しっかり主権者である我々に奉仕する。この使命を誰に与えるか。どんな人々にこの役割を託すのか。その意向を我々が表明する。それが選挙というものです。こうして選択された人々は、仕えることが仕事です。リードすることが仕事なのではありません。

我々に選ばれた公僕たちがその活動に従事する時、彼らはリーダーとして行動するのではありません。政策の立案や実施を通じて、彼らが果たすべきなのは、レスキュー隊の役割です。民間の経済社会が困難に直面した時、その難所から我々を救出してくれる。そのために全身全霊を傾ける。その使命達成に失敗しないよう、常に訓練し、研鑽《けんさん》に励む。それが、彼らが心掛けるべきことです。

彼らはリーダーシップを発揮しなくていい。どうすれば、救助者として常に最高のパフォーマンスを発揮出来るか。寝ても覚めても、そのことを考えていて欲しいのです。

このことに、あのリーダーになったつもりになっている若者は、いつ気付くでしょうか。気付く時が来るでしょうか。先が思いやられます。

法案の国会通過を急ぐ政府・与党にギラギラ感を感じる＊

外国人労働者の受け入れ拡大のための出入国管理法改正案が、参議院で審議入りしている。２０１８年12月10日までの国会会期内の成立を目指す。それが政府・与党のもくろみだ。

この無茶苦茶な性急ぶりには、ひたすら啞然《あぜん》とするばかりだ。ともかくあきれることしかやらない人たちだ。どこまで国会を軽視し、野党をばかにし、議会制民主主義を愚弄すれば気が済むのか。多少なりとも大人らしい振る舞いというものを、どこかで教わる機会はなかったのか。

それはそれとして、この入管法騒動の背景にあるのは、言うまでもなく「人手不足」問題だ。日本は人手が足りない。だから猫の手ならぬ外国人の手も借りるというわけだ。外国人は猫か、そう言いたくなってくる。さらに言えば、「人手」というのは実に妙な言葉だ。昔からある言葉ではある。だがこの際、使用禁止用語にした方がいい。

人は人だ。人手という名の道具ではない。人手をヒトデと書けば、何やら怪しげなイメージが浮かんでくる。ヒトデ不足の海中には、ごくまばらにしかヒトデが泳いでいない。これでは海の中の生態系が調子を崩す。早々に、どこか別の海からヒトデを調達してこなければいけない。関門を開けろ。ヒトデを呼び込め。入ってきたら囲い込め。何なら連れ合いヒトデや子どもヒトデも取り込んでしまえ。

こんな調子でヒトデ狩りをずんずん進める。そのための法律変更だ。とにかく急がなくっちゃ。ヒトデ狩りはどこでも課題になっている。日本が後れをとってはならじ。ヒトデ狩りのグローバル競争に打ち勝つべし。法案の国会通過を急ぐ政府・与党に、狩りに出る者たちのそんなギラギラ感に通じるギラギラ感を感じてしまう。

人をヒトデ視し始めた時、人は人が人であることを忘れる。「我々は労働者を求めた。ところが、やって来たのは人々だった。」戦後スイスを代表する作家の一人、マックス・フリッシュの言葉である。彼がこの思いを語った時、やっぱり、人は人をヒトデ視していたのだろう。やって来てくれた人々に、政府・与党がヒトデ型のワッペンを配ったりはしないだろうか。とても心配になってくる。

欧州人たちには、
もう一息深い英知に基づく解を見いだしてもらいたい＊

バタン、バタン。ピシャリ、ピシャリ。大陸欧州を通じて、扉が閉まり、門が閉ざされていく。難民・移民の流れを、自国の門前でせき止めようとする動きだ。

ドイツは、オーストリアとの間の国境管理を強化する。そうドイツが発表（２０１８年７月）すると、ただちにオーストリアがイタリアとの国境管理強化を打ち出す。すると今度はイタリアが自国の海岸線をより強固にガードすると宣言する。次から次へと、国境固めの動きが広がっていく。これが今の統合欧州の有り様だ。一体、どこが統合されているのだろう。

ドイツの国境管理強化が連鎖反応をもたらすのは、イタリアにたどり着いた人々が、次はオーストリアを目指し、最終的にドイツに到達しようとするからだ。だが、ドイツが全ての人々の受け入れの地となるのは無理だ。オーストリアもイタリアも、あぶれた人々全員を吸収することはできない。

いずれの国も悩みは深い。ドイツのメルケル首相は、当初、精一杯の寛容さをもってドイツの門戸を開放した。だが、その姿勢が、いまや彼女の政治生命をかつてなく危ういものにしている。

あからさまな外国人排斥姿勢をとっていない国々においても、国民の忍耐力が厳しく試されている。その状況に付け込んで、右翼排外主義者たちがどんどん支持をかき集める。

状況は厳しいが、こういう時こそ、「統合欧州」の統合ぶりが試されるところだ。首脳会議を開けば、誰もが自国第一主義を前面に出す。これでは、何のために集まっているのか分からない。文殊の知恵を編み出すために集まる。その心構えがあってこその統合欧州のはずだろう。

ヒト・モノ・カネ・サービスの無制限移動。この「四つの自由」は不可分にして不可侵だ。それがEU（欧州連合）すなわち統合欧州の基本理念だ。彼らはそう強く主張する。このことと、国境遮断の将棋倒しはどう整合するのか。移民・難民は別問題なのか。EU域内の「四つの自由」の不可分・不可侵性は、あくまでも対外的な「不自由」の不可侵性を前提にするのか。苦悶は分かるが、欧州人たちには、もう一息深い英知に基づく解を見いだしてもらいたい。

いまや、記録が記憶に調子を合わせるという現象が起きている＊

記憶されていないことに関する記録が、続々と出てくる。存在しないはずの文書の存在が、次々と判明する。愛媛県で加計問題。財務省で森友問題。防衛省で日報問題。

授業をやっていて、つくづく思う。人の記憶とは、実に厄介なものだ。まずは、そのスパンが短い。先週の授業でやったことを、今週まで正確に記憶してくれている学生さんは、とても少ない。何回も聞いているはずのことが、ものの見事に忘れ去られていたりもする。

こうした実態を踏まえて考えれば、「記憶している限り、誰それにお会いしたことはございません」などという言い方には、全く何の信憑性《しんぴょうせい》もない。「記憶にございません」と言われても、そこには、事実の証明としての意味は何もない。

記憶の問題性はほかにもある。選択性と願望性である。これも、授業をやっているとよく分かる。人は、自分が憶《おぼ》えていたいと思うことを憶えている。そして、自分が憶えていたいと思う通りに憶えている。前者が選択的記憶で、後者が願望的記憶である。これらのバリアーを超えて、本当に憶えておいてほしいことを、憶えていてもらいたい通りに憶え込んでもらうことは、誠に誠に至難の業だ。

記憶は、短期的で選択的で願望的だ。この三大問題があるから、全てを記憶にゆだねるわけにはいかない。だからこそ、記録に重要な意味がある。記憶は長期保存が利かない。ご都合主義的につまみ食いされる。願望的思い込みによって彩られる。

それに対して、記録は保管に注意すれば長持ちする。記録をつまみ食いすると、つじつまが合わなくなる。だから、記録をえり好みするわけにはいかない。記録を誰かの願望色に塗ると、他の誰かが異を唱えるから、収拾がつかなくなる。かくして、記録は忘却にも選択にも願望にも侵食されない。だから、記録は頼りになる。

そのはずだった。ところが、いまや、記録が記憶に調子を合わせるという現象が起きている。こんなにとんでもない状況の中だというのに、与党は「働き方改革」関連法案を衆院で採決に持ち込もうとしている。正気の沙汰だとは思えない。

トランプ流の認識によれば、イラン核合意はイランによる「やらずぶったくり」だというわけだ＊

2018年5月、トランプ米大統領が、イラン核合意から離脱を表明した。アメリカファーストとは、こういうことだったたか。今、改めてそう思う。

イラン核合意は、15年7月にイランと米英仏独中ロ6カ国の間で成立した。それによって、イランは核開発を大幅に制限することになった。その見返りとして、欧米による対イラン経済制裁の緩和が約束された。

この合意に対して、トランプ大統領は「致命的な欠陥がある」とケチをつけた。イランの弾道ミサイル開発を阻止できない。核開発制限が期限付きなのが問題だ。主として、そのように主張している。

トランプ流の認識によれば、要するに、この合意はイランによる「やらずぶったくり」だというわけだ。合意の枠組みを維持することは、盗人に追い銭を貢ぎ続けるものだ。そんなことに加担していれば、アメリカは、ひたすら損をし続ける。こんなことをやっていると、アメリカはなめられるばかりだ。こんな割に合わない合意からは脱退する。

アメリカ、アメリカ、アメリカ。自分、自分、自分。ただただ、ここだけが前面に出ている。世界の非核化のため、世界平和のため、世のため人のため。このようなテーマの影は、トランプさんの脳内レーダースクリーンをもってしては、一切、検知することができないらしい。

ここまで、全てが個別的損得勘定でしか判断されないとなると、これは実に危険なことだと思う。だが、ここにこそ、トランプ流の本質がある。個別相対で全ての案件を判断する。アメリカ対当面の相手方。あくまでも、この関係の枠の中でしか、勝った負けたや有利・不利を判定しない。そして、その判定基準の枠内で、アメリカが敗北を喫するわけにはいかない。これがトランプ的世界観だ。

通商関係においても、この姿勢が徹底的に貫かれている。だからこそ、トランプさんは二国間協定に固執する。多角的で損得勘定がよく分からない「ディール」は嫌いなのである。

そもそも、イラン合意のような枠組みは、「ディール」ではない。誰が勝ったか負けたかの次元で考える話ではない。この1点が分からない人には、舞台中央に出る資格がない。

多党化した野党には、大いに巧みに共闘してほしい＊

「何かが腐っているのだ、このデンマークでは」。シェークスピア劇、ご存じ「ハムレット」の中で、将校の一人、マーセラスが発する言葉だ。一国の政治や行政を巡って怪しげな展開が浮上した時、イギリス人なら、必ず、このセリフを思い出す。

このセリフを今の日本に応用するとすれば、少々の修正が必要だ。すなわち、「すべてが腐っているのだ、このニッポンでは」としなければならない。厚生労働省はいい加減な数字づくりをする。財務省は記録文書を改竄《かいざん》する。文部科学省は公立学校の授業に妙な介入の手を伸ばそうとする。そして、それら一連の腐った行政行為の背後に、我々は腐った政治の影を感じざるを得ない。

ただ、思えば「すべてが腐っている」という認識は乱暴すぎるかもしれない。国民は腐っていない。この異様な事態に対して、連日、国会周辺でも霞が関でも声を上げている。決して、諦めたり不貞腐《ふてくさ》れたりしてはいない。しっかり力強く怒りを表明している。そこが頼もしい。

さらには、国会内において存外に野党が頼もしく見える。それなりに共闘がうまくいっている雰囲気がある。２０１７年秋の総選挙をきっかけに野党は分裂し、多党化した。こんなにバラけていたのでは闘いようがない。そのように言われていた。だが、実態はどうか。

各野党間の駆け引きは色々あるのだろう。だが、見える形で現れている姿は、結構、悪くない。なかなかいい呼吸で、チームプレーを発揮している感がある。世の中、実はこういうものだ。一つの集団の中にいると、とかく、先頭争いとか点数稼ぎの行動が前面に出がちだ。内輪同士ほど、思惑は錯綜しやすい。

ところが所属が別々になると、突然、お互いを支えたり補完したりすることができるようになる。逆に、別々だった時には仲良くできていた者同士が、同じ集団の一員になると、急にいがみ合い始めたりする。夫婦だった二人が、離婚後のほうが円満に付き合えるようになる。

多党化した野党には、大いに巧みに共闘してほしい。そうなれば、今こそ、彼らは本当の「国難突破」で国民のお役に立つことができる。

平成の大改竄、問題は勘定奉行か殿様か☆

森友文書の改竄問題が大変なことになっていますね。これから、さらにどんな衝撃的な展開が待ち受けているのか。なかなかどうして、楽しみになってきました。

この問題の焦点は何でしょうか。それは、「口走り」への「辻褄《つじつま》合わせ」問題です。誰かが口走ってしまったことに対して、後から辻褄を合わせようとする。合わない辻褄を合わせるために、既に存在する記録を書き換える。

「ああ、あの人、あんなこと言っちゃった」。偉い人がこういうことをしでかした時、下々の者は大慌てですよね。何とか、問題の「あの人」が言っちゃったことに合わせて、あったことをなかったことにしてしまう。削除、削除。書き換え、書き換え。

問題は、「口走り」の張本人が誰かということですね。誰の「あんなこと言っちゃった」が下々の中に最も大きな衝撃を走らせたのか。渦中の人物たちが江戸時代の人々だったとすれば、注目の焦点は勘定奉行とお殿様です。

勘定奉行が「越後屋さんと価格交渉なんかしておりませぬ」と口走った。でも、実は交渉しちゃっている。仕方がないから、交渉してなかったことにする。削除、削除。書き換え、書き換え。こういうことなのか。

それとも、本当の口走り人間はお殿様なのでしょうか。お殿様が、この一件について「余や奥が関係していたということになれば、余は退位する。武士も辞める」と言った。これが、下々を最も慌てさせた口走りだったのか。だから、越後屋さんと殿の奥方が一緒に描かれた浮世絵を資料の中から抜き取ったのか。奥方のお言葉に関する越後屋さんの言及の記録を消し潰したのか。殿のための削除、削除、書き換え、書き換えなのか。

殿の側近たちは、ひたすら勘定奉行とその配下の者たちに全責任を負わせようとしています。勘定奉行の上司にあたる御家老さんも、自分の進退は考えていないという。この言い方がまたよく分かりませんね。進退というテーマに全く思いを馳せていないということなのか。それとも、辞める気なんかねぇーよということなのか。

そのいずれでもないという解説もありますよ。それによれば、あの言い方は、「自分の進退は殿様マター」ということを意味するのだそうです。つまりは「拙者を辞めさせられるものなら、辞めさせてみろ」と殿を脅し上げているというのです。

江戸時代には、講釈師の先生や瓦版屋さんたちが、お城周りのスキャンダルをただちにテーマに取り上げて、リアルタイムで見てきたような絵解き・謎解きを披露してみせたものです。彼らなら、この平成の大改竄物語をさぞや辛辣《しんらつ》に語ってくれることでしょう。真相解明に向けて、彼らの巧みさと知恵を拝借したいものです。どうぞ、タイムスリップして来て下さい。

真ん中から突き落とされた人々の恨みつらみが、真ん中的な政治に逆襲＊

2018年3月4日、イタリアで議会選挙が行われた。形としては、右派連合が辛うじて多数を占めた。だがその中で中道派は大幅な後退を強いられた。その一方で、最右翼に位置するレガ・ノルド（北部同盟）が大躍進を遂げた。いまやレガ・ノルドが右派連合の中の最大政党である。

単独政党として第1党の地位を勝ち取ったのは「五つ星運動」である。左翼陣営だが、過激な排外主義が売り物だ。選挙前に政権を担っていた民主党は惨敗。同党を軸とする中道左派連合は、議会内第3勢力の位置に甘んじることになった。

かくして、イタリア議会の勢力図は、左右の中道派によって構成される「真ん中」部分にぽっかり穴があく格好になった。有権者の支持が、きれいに左右両極に掃き分けられてしまったのである。いや、掃き分けられたという言い方は正確ではない。なぜなら、レガ・ノルドに投票した人々も、五つ星運動の支持層も、必ずしも右や左を意識したわけではない。ただただ、「現状は耐え難い、誰でもいいから何とかしてくれ」という思いを「真ん中の連中」にぶつけたのである。

なぜ、政治的真ん中が拒絶されたのか。それは経済社会的な真ん中が抜け落ちたからである。いわゆる中間層からどんどん人々が追い出され、突き落とされ、下層へと転落していく。真ん中が空洞化していく。

真ん中から突き落とされた人々の恨みつらみが、真ん中的な政治に逆襲の声を上げている。この声を煽り立てているのが、現代の偽預言者たち、すなわち、いわゆるポピュリストどもである。その扇動にいくら乗っても、人々は真ん中に戻れはしない。

真ん中から縁辺に追いやられた人々は、真ん中に連れ戻してあげなければいけない。さらにいえば、何人《なんぴと》も縁辺に置き去りにしておいてはいけない。そこが肝心なところだ。だが、偽預言者たちにそれはできない。彼らは外敵を指し示すばかりだ。それに人々が気づいた時には、既に手遅れかもしれない。ふと我に返った時、人々は得体の知れない排外的独裁体制下で、二度と真ん中には戻れない場所に封じ込められてしまっているかもしれない。これは他人事ではない。

マスコミは〝巫女さん〟になっていないか＊

今日の講演先で、次の質問を頂戴した。「最近のメディアについて、どう思われますか？」。よく出る質問だ。

このメディアという言葉、いつから使われ始めたのだろうか。ある時までは、もっぱらマスコミといっていた。それがいつの間にかメディアになった。マスコミはマスコミュニケーションだ。マスコミのマスは「大量の」の意。コミはコミュニケーション。大量の情報を伝達する。多くの人々を対象に発信する。

メディアはどうか。メディアはミディアムの複数形だ。ミディアムは媒体の意だ。巫女《みこ》さんとか、霊媒の意味を指すこともある。中間や中庸《ちゆうよう》の意味もある。

どうも、このネーミングが定着したことに問題があるように思えてきた。名は体を表す。媒体に主張はない。巫女さんもまた然りだ。あっちが言っていることをこっちに伝える。単にそれだけだ。媒体は考えない。調べない。追求しない。巫女さんもそうだ。媒体に感情はない。巫女さんもそうだ。媒体は疑り深くない。巫女さんもそうだ。

あれこれ調査し、追求し、考え、主張する。時には怒り、時には嘆き、時には感動する。それらの思いを大量に、多くの人々に投げかける。それが報道であり、記者稼業だろう。記者さんは、媒体か。記者さんは巫女さんか。

筆者は、記者の皆さんにジャーナリストであって頂きたい。いつも、そう思っている。だから、質問にもそうお答えした。メディアという言葉を使い出したことに問題がある。ジャーナリズムが減っているように感じる。そう言った。

ジャーナリストはジャーナルを書く。ジャーナルは日誌だ。日記でもある。日記には書き手の思いがこもる。魂が宿る。どんなに淡々とした日々の記録であっても、そこに、書き手の個性が滲み出る。

ジャーナリズムは、闇を照らす光でなければならない。闇に乗じて密かに行われようとすることを、暴き出さなければいけない。秘められた下心を明るみに引っ張りだす。媒体にそれはできない。巫女さんにも（少なくとも単独自力では）それはできない。メディアはやめて、ジャーナリズムでいこう！

ご都合主義選挙の攻略法☆

「国難突破解散」なのだそうだ。安倍首相が、2017年9月25日の記者会見でそう言った。いみじくも、おっしゃる通りだ。

安倍政権という名の国難を我々が突破するための解散である。

さすがに、ツイッターなどでも「お前が国難」の指摘が溢れかえっているらしい。この国難を突破して、早くまともな民主主義とまともな経済政策の世界に帰り着きたいものである。

「誰かが選挙に勝利するのは、人々が誰かを当選させたいからじゃない。人々が誰かを当選させたくないからだ」。諧謔心旺盛なアメリカのジャーナリスト、フランクリン・P・アダムズ（1881〜1960）の言葉だ。この際はこれも悪くないかもしれない。思えば、フランスの大統領選でエマニュエル・マクロン氏が当選したのが、まさにこの力学の結果であった。フランスの多くの有権者たちは、特段、マクロン氏を当選させたいと考えていたわけではない。右翼排外主義政党、国民戦線のマリーヌ・ルペン党首を当選させたくなかっただけである。

ただ、日本の場合、問題は野党側の状況だ。ここに来て、「希望の党」なるものが出現してきた。この得体の知れない集団が勢力を得るとなると、そこに次の国難あり、かもしれない。どうもそういう気配を感じてしまう。一難去ってまた一難か。

次の災難を逃れるために、我々は一体どんな評価基準をもって投票に臨んだものか。ここでも、先人の言葉にヒントを求めてみよう。偉大な俳優オーソン・ウェルズ（1915～85）いわく、「人気を基準に選挙で政治家を選んではいけない。人気者が当選するということなら、ドナルド・ダックやマペットが上院議員になっている」。選挙は、決して人気投票じゃない。いまや人気投票を「総選挙」と称する世の中ではあるけれど。

反骨の論客、ゴア・ヴィダル（1925～2012）いわく、「言葉は人を惑わす。だから、選挙に際して、人々はいたって真面目に自分の利害に反する投票行動をしてしまう」。確かに今、様々な言葉が飛び交っている。人づくり革命、全世代型社会保障、改革保守、リアルな安全保障政策……。惑わすための言葉に惑わされてはならない。

言葉の意味が変わる時☆

忖度《そんたく》という言葉がその典型ですよね。いまや、忖度は実に嫌なニュアンスを帯びるにいたっています。権力者の顔をみて遠慮する。態度を変える。媚《こ》びて先回りする。すっかり、そのような意味を帯びた言葉になってしまっています。

ですが、忖度を『広辞苑』で引けば、「他人の心中をおしはかること。推察。」とあります。特段、否定的な含意があるとは書かれていません。他者の気持ちを慮《おもんぱか》ることは、否定的どころか、とても大切なことですよね。他人の痛みが分かってこその人間です。忖度は、本来、同情や共感ととても親しい親戚同士だったのです。ところが、一人の政治家や時の政権などが打ち出す姿勢、醸し出す雰囲気のおかげで、この親戚関係にはすっかり亀裂が入ってしまいました。

同様のことが、もう一つの言葉についても言えます。それが、ポピュリズムです。

ポピュリズムも、結構、流行り言葉ですよね。ポピュリズムの本来の意味は、人民主義です。ところが、歴史的な時の流れの中で、実に様々な運動や企みがポピュリズムの名の下に展開されてきました。そうした中で、ポピュリズムも、意味が変わってしまいました。言葉巧みに人々を扇動して、人気を博す。そうして自分好みの政治的方向感を貫徹しようとする。そんな行動様式を指すようになってしまいました。

今の世の中、実際に、そんな行動を取る人々が増えています。その中の一人で、「強い日本を取り戻す」のスローガンを掲げた人は、いまや政治生命がかなり危うくなっていますね。太平洋の向こう側では、「我が国ファースト」男が半ばやけくそながら、相変わらず気炎を上げています。大西洋の向こう側では、ポーランドやハンガリーで国家主義者たちが露骨な強権発動に乗り出しています。

こうした一連の展開をポピュリズムの蔓延《まんえん》だと言ってしまっていいのか。正しくは、偽ポピュリズムと表現すべきだと思います。真のポピュリズムは、人々のために展開される。偽ポピュリズムは、それを振りかざす者たちの野望のために展開される。真偽の違いはあまりにも大きいと思います。

偽ポピュリズムの標榜《ひょうぼう》者たちは、要するに偽預言者たちです。偽預言者の特徴は何か。それは、人々が喜びそうなことばかり言うことです。人々がみつけたいと思っている敵を指し示すことであります。移民が悪い。野党が悪い。悪いのは、やつらだ。

ポピュリズムという言葉が、その真の意味で使われる日の到来を切望するところです。その日には、忖度という言葉も、必ず、まともな言葉群の仲間に立ち戻ることが出来るのだと思います。

ポスト・ホントと偽ポピュリズムが出会う時＊

「あの時、あんた『○○』って言ったよね」と言われて、「そんなこと言ったっけ。覚えてないなぁ」と返しつつ、でも、やっぱり言ったかもしれないと思う。これは誰にでもあることだ。これが普通の感性だろう。

だが、加計学園問題等に関する国会閉会中審査には、かなり感性が違う人々が出てきた。「そうした記憶はまったく残っていない。従って、言っていない」。首相補佐官の和泉洋人氏がそう答弁していた。

これは凄い。言ってない。だから記憶にない。これならわかる。だが、だからといって逆も真なりということにはならない。

ここで、ポスト・トゥルース（post-truth）という言葉に思いがおよぶ。オックスフォード英語辞典がこれを２０１６年のイメージ用語に選んだ。

ポスト・トゥルースを邦訳すれば、「脱真実」あるいは「超真実」という感じになる。「ポスト・ホント」の世界の住人は、真実を超越しているのである。真実を超越してしまえば何とでもなる。記憶にないことは、言っていないことにできてしまうのだ。

もし、記憶にないことが記録にあったらどうするか。それでも平気。だって、その記録はフェイク（fake＝偽物）だもん。だって、僕ちゃん、代替事実すなわち「オルタナティブ・ファクト」（alternative fact）を示すことができるもん。

ポスト・ホント国は、ご都合主義者の駆け込み寺だ。そこに逃げ込んでしまえば、ひたすら手前勝手なファンタジーに浸り続けることができる。

さて、そこで思う。ポピュリズムとポスト・ホントが出会う時、その十字路に出現するものは何か。ただし、ここで言うポピュリズムは近頃はやりの偽ポピュリズム。人心扇動家たちがやることだ。人民主義を意味する本来のポピュリズムではない。

古来、十字路は怖い。ホラー話がお好きな向きはよくご存じの通り、十字路は魑魅魍魎《ちみもうりょう》の集合場所だ。間違っても、十字路に立って願い事などをしてはいけない。悪魔が願いをかなえてくれてしまうかもしれない。

誰かがそれをやったのか。だから今、あんな国会答弁をする人々や、ドナルド・トランプの出現に見舞われているのか。

政治の〝見える手〟による経済殺し☆

債券市場で奇妙なことが起きている。新発10年物国債の取り引きが成立しない。何日にもわたって利回りが変わらない。これでは、もはや、市場ではない。

取り引きが活発で、取り引き対象の値段がくるくるコロコロと変動する。それが市場だ。債券市場であろうと、何市場であろうと、同じことである。築地市場も、商い閑散なら値動きは小さい。商い不成立なら、市場の体をなさない。

債券市場はなぜ、商い閑散なのか。それは日本銀行のせいである。日銀は10年物国債の利回りをゼロ％程度に誘導するという「長短金利操作付き量的・質的金融緩和」をやっている。中央銀行が政策的な金利誘導水準を明示し、それを達成すべく、大量の国債買い入れを連綿と続けている。こんな状態の中で、市場が盛り上がるわけがない。

最も威勢がいいはずの株式市場でも、いまや〝官製相場〟状態がすっかり支配してしまっている。日銀とＧＰＩＦ（年金積立金管理運用独立行政法人）がビッグプレーヤーとして存在感を強め過ぎている。管理された株式市場。これは定義矛盾だ。

債券市場も株式市場も、経済活動の感度高き体温計であってこそ、その存在に意味がある。壊れた体温計に、価値はない。

問題は市場でなくなった市場だけではない。安倍政権は、「働き方改革」に次ぐ政策の柱として「人づくり革命」なるものを打ち出した。2017年5月には、「生産性向上国民運動推進協議会」なるものが開催された。人々が働き方を改革され、革命的な人づくりに小突き回され、生産性向上にむけて国民運動の中にのみ込まれていく。こんな有様のどこが経済活動なのか。

経済学の生みの親が、アダム・スミス大先生だ。著書『国富論』の中で、彼がかの「見えざる手」という言葉を使った時、彼は決して新自由主義や市場原理主義の礼賛論を唱えていたわけではない。国家権力がいらざる介入をしなくても、経済活動は収まるところに収まり、生むべき結果を生み出す。政治の「見える手」は、経済の世界にしゃしゃり出るな。これが、大先生が言いたかったことである。経済学の父が、政治による経済殺しに発した警告だ。今の日本への警告だ。

新しい市民主義の夜明け☆

ある知人が、筆者に次のように言いました。「安倍晋三総理大臣ほど、日本の民主主義に貢献してくれている人はいない」。講演先での会話の中のことでした。

思えば、全くその通りですね。つくづく、そう思いました。安全保障関連法案を、何が何でも成立させようとする。そのためには、聞く耳を全く持たない。目あれど、焦点が全く定まらない。口を開けば飛び出すのはヤジばかり。こうしたとんでもない振る舞いの数々が、日本の民主主義に火をつけたのです。そのあまりにも理不尽な傍若無人が、民主主義の主役たちをとことん怒らせてしまったのです。

そのおかげで、人々は立ち上がり、声を上げています。立ち上がり、声を上げた人々の顔触れは、実に多様になりました。これは、もはやちょっとしたグローバル時代の市民革命です。最も今日的な市民革命。それが今、日本で進行中なのだと言えると思います。それもこれも、実を言えば、安倍総理大臣のおかげ様。こうなったら、せいぜい、更に一段と民主主義を貫徹することで、我々は彼にたっぷり恩返しをしなければいけませんよね。

筆者は、かねがね、グローバル時代は市民たちの時代だと考えてきました。グローバル資本主義ならぬグローバル市民主義の時代です。「しほん」と「しみん」は、こうして平仮名で書けばほんの一字違いですが、この二つの言葉が意味するところの違いは、実に大きいですね。国境無き地球時代においては、国境を越えて、民主主義の主役である市民たちが声を上げる。そして今、この連帯の中心に日本の市民たちが躍り出た。そのように思います。

ところで、民主主義は何も政治だけのテーマではありません。経済の世界こそ、民主主義的でなければならないのです。なぜなら、経済活動においてこそ、人が主役だからです。民が主。それが経済活動の真っ当な在り方です。経済活動がこの真っ当な在り方から外れていかないようにするために、労働法制があり、最低賃金が保障されていたりするのです。人間が人間らしく生きるための糧となる。そこにこそ、経済活動の存在価値が生まれるのです。

この辺のところについても、思えば、かのアベノミクスすなわちアホノミクスが我々に改めて認識を深めさせてくれましたね。民が主の経済活動との関わりで、これだけはやってはいけないと思われること。アホノミクスは、それらをどんどんやろうとしてきた。この方向感の狂い方を目の当たりにすることで、本来目指すべき方向がとてもよく見えてきました。かくのごとく、反面教師の価値は大きいのです。ありがとう。

浜　矩子（はま　のりこ）
1952年生まれ。一橋大学経済学部卒業。エコノミスト。75年三菱総合研究所入社後、同所初代英国駐在員事務所所長、同社政策・経済研究センター主席研究員などを経て、2002年から同志社大学大学院ビジネス研究科専門職学位課程教授。
著書に、『「通貨」の正体』(2019年、集英社新書)、『ついに始まった日本経済「崩壊」』(2018年、SB新書)、『「ポスト真実」の世界をどう生きるか』(共著、2018年、新日本出版社)、『どアホノミクスの断末魔』(2017年、角川新書)、『浜矩子の歴史に学ぶ経済集中講義』(2016年、集英社)など多数。

ブックデザイン　菊地雅志

小《ちい》さき者《もの》の幸《しあわ》せが守《まも》られる経済《けいざい》へ

2019年 8 月15日　初　刷
2020年12月20日　第 4 刷

著　者　浜　矩子
発行者　田所　稔

郵便番号　151-0051　東京都渋谷区千駄ヶ谷4-25-6
発行所　株式会社　新日本出版社
電話　営業 03(3423)8402
編集 03(3423)9323
info@shinnihon-net.co.jp
www.shinnihon-net.co.jp
振替番号　00130-0-13681
印刷・製本　光陽メディア

落丁・乱丁がありましたらおとりかえいたします。

ISBN978-4-406-06369-2　C0033　Printed in Japan